ÖKOLOGISCH-SOZIALE
MARKTWIRTSCHAFT

Dr. Ulrich Schneider-Wedding, geb. 1960, studierte Theologie/Philosophie, Orientalistik sowie alte Sprachen und promovierte 1995 in Kirchengeschichte. Er setzte sich immer wieder, teils medienwirksam, für das ›ökosoziale‹ Zukunftsprojekt ein, auch schon zu Zeiten, als ›Ökosteuern‹ und ›Grundeinkommen‹ noch politische Fremdwörter waren bzw. als ›zu radikal‹ galten. Er liefert hier einen vielperspektivischen Beitrag, der auch die Verzahnung von Theologie und Wirtschaftspolitik beleuchtet. Schneider-Wedding ist verheiratet und hat zwei Söhne. Hauptberuflich arbeitet er als evangelischer Pfarrer in Bayern.

ULRICH SCHNEIDER-WEDDING

ÖKOLOGISCH-SOZIALE MARKTWIRTSCHAFT

So hebeln wir den Wachstumszwang aus

Wohlstand für alle – weltweit und nachhaltig!

BÜCHNER-VERLAG
Wissenschaft und Kultur

Ulrich Schneider-Wedding
Ökologisch-soziale Marktwirtschaft
So hebeln wir den Wachstumszwang aus
Wohlstand für alle – weltweit und nachhaltig!
ISBN (Print) 978-3-96317-192-5
ISBN (ePDF) 978-3-96317-714-9

Satz und Umschlaggestaltung: DeinSatz Marburg
Bildnachweis Umschlag: Porträt Ludwig Erhard mit Zigarre, in dem von ihm herausgegebenen Buch »Wohlstand für Alle« lesend, 1957 (bearbeitet) Bundesarchiv, B 145 Bild-F004204-0003 / Adrian, Doris / CC-BY-SA 3.0
Druck und Bindung: Schaltungsdienst Lange oHG
Die verwendeten Druckmaterialien sind zertifiziert als FSC-Mix.
Printed in Germany

Bibliografische Informationen der Deutschen Nationalbibliothek:
Die Deutsche Nationalbibliothek verzeichnet diese Publikation in der Deutschen Nationalbibliografie, detaillierte bibliografische Angaben sind im Internet über http: / / dnb.de abrufbar.

www.buechner-verlag.de

Inhalt

Vorwort

Fridays for future – darf's ein bisschen bissiger sein?

Unsere Söhne (16 bzw. 13 Jahre alt) nehmen mit elterlicher Unterstützung und schulischer (!) Billigung an den jüngst ins Leben gerufenen *Fridays for future*-Demonstrationen teil. Ich habe höchsten Respekt vor der Initiatorin jenes weltweiten Volksaufstands gegen die menschliche Dummheit und Selbstzerstörung: Greta Thunberg. Dass nun wieder, anders als in den vergangenen Jahren, die Medien weltweit, Trump zum Trotz auch in den USA, an brennenden Urwäldern, schmelzendem Grönlandeis, austretendem Methan und anderen Folgen der Klimakatastrophe langfristig dranbleiben, ist Gretas Verdienst. Ihr Erfolg ist es auch, dass sie bei den höchsten Prominenten ›durchgereicht‹ wird: Bundeskanzlerin, Papst, UNO. Allerdings ist der Zweck solcher Gespräche ja wohl nicht, Nettigkeiten und Beteuerungen zu hören, sondern solide Konzeptionen für einen schnellen Wandel unseres Umgangs mit den natürlichen Ressourcen zu entwickeln. Doch so sehr Greta auch fragt, so wenig wird von politischer Seite geantwortet.

So wird es wohl an uns Bürgerinnen und Bürgern selbst sein, konkreter zu werden und präziser zu bohren, d.h. eine eigene Konzeption zu entwickeln und öffentlich zu fragen, warum diese nicht umgesetzt wird, warum nach dem Motto ›weiter so, Deutschland, Europa, Welt!‹ auf bestimmten politischen Vorgehensweisen, Zielsetzungen, Ritualen beharrt wird, obwohl diese nachweislich schädlich für unseren Planeten und für unseren weltweiten sozialen Zusammenhalt sind, hat doch andererseits die Politik in den letzten Jahren und Jahrzehnten immer mehr Steuerungselemente hervorgebracht, deren wir uns – das nötige Wissen vorausgesetzt – bedienen könnten, um die Wende zu einem weltweiten ökologischen Umbau der Wirtschaft und einer steigenden globalen Solidarität einzuleiten.

Dieses Buch offenbart sowohl das politische ›Weiter-so!‹-Theater als auch die neuen politischen Instrumente, die als Teil des ›Herrschaftswissens‹ bisher für uns noch nicht freigeben waren. Da auch ich Plastik in den Ozeanen so wenig ertragen kann wie die von uns aus Ölgier inszenierten Kriege und Bürgerkriege und das daraus folgende Elend der Opfer und Flüchtlinge, möchte ich mit den hier präsentierten Informationen mithelfen, dass die *Fridays-for-future*-Aktivist(inn)en, aber auch alle anderen, die etwas verändern wollen, möglichst bald den nötigen Biss bekommen, um endlich das zähe Festhalten am Alten, Falschen und Zerstörerischen zu beenden. – ›Biss‹ meint eine treffende, auf argumentative Auseinandersetzung zielende Denk- und Redeweise. Die notwendige, d.h. die Not wendende Wende erreichen wir natürlich nur gewaltfrei.

Langer Anmarsch – auf den Punkt gebracht

Die Art und Weise, wie ich die ökologisch-soziale Marktwirtschaft hier darstelle, entstand aufgrund einer langen Reihe von Erlebnissen sowohl des höchsten Interesses an dieser Konzeption als auch des plötzlichen Türenzuschlagens und Rausschmeißens. Beides, fieberhaftes Wissen- und Habenwollen als auch über-nervöse Ablehnung und Ächtung, signalisierte mir: Du bist auf der richtigen Spur. – Es ist hier freilich nicht der Ort, diesen Weg darzustellen. Ihn anzudeuten, ist nur Teil meiner Rechtfertigung dafür, wie ich als Theologe und Pfarrer dazu komme, ein Buch über Wirtschaftspolitik zu schreiben, nur ein Punkt, mit dem ich die Vorhaltung ›Schuster, bleib bei deinen Leisten!‹ abwehre. Weitere Legitimationen sind: dass ich zuhören kann, dass ich wissenschaftlich zu arbeiten in der historischen Forschung von der Pike auf gelernt habe (meine Dissertation ist garantiert kein Plagiat) – und dass ich es an Sturheit mit Greta Thunberg aufnehmen kann. Stellen Sie sich also jemanden vor, der unablässig sucht, unterschiedliche Fachleute ausfragt, Historiker, Biologen, Volkswirte, natürlich auch unzählige Bücher liest, allen möglichen Spuren folgt und vor allem: das Thema ständig und unablässig weiterverfolgt – bis er's endlich auf den Punkt bringen kann (siehe gleich anschließend die Einleitung).

Theologie = Ökonomie!

Ein weiterer Rechtfertigungsgrund ist das Studienfach, in dem ich zuhause bin. – Dazu sollten Sie nur wissen, wie man es in der Antike nannte und wie es bis heute in der Orthodoxen Kirche heißt: ›Ökonomie‹! Dieses griechische Wort hat beide Bedeutungen: Wirtschaft und Theologie! Allerdings ist nur die erste Bedeutung im breiten Bewusstsein: Ökonomie als ›Lehre von der Wirtschaft‹, als Wissen über die Abläufe in einem Unternehmen (Betriebswirtschaftslehre/BWL) und über das Zusammenspiel von Firmen, Konsumenten, Bodenschätzen, Staat, Sozialwesen, Handelsbeziehungen usw. (Volkswirtschaftslehre/VWL).

Weniger geläufig ist die andere Bedeutung: ›Ökonomie‹ ist das traditionelle antike Wort für das, was heute mit einem anderen griechischen Fremdwort ›Theologie‹ bezeichnet wird; es meint die Erlösung der ganzen Welt, das göttliche Heilshandeln, die Heils-Geschichte – sowohl von einem allgemeinen bzw. antiken philosophischen Standpunkt aus als auch speziell aus christlicher Sicht. Vor allem die in der Bibel berichtete Ereignisfolge wird als ›Ökonomie‹ bezeichnet.

Im Historischen Wörterbuch der Philosophie, einem 15-bändigen wissenschaftlichen Nachschlagewerk, gibt es zu den beiden Themenkomplexen zwei verschiedenen Artikel: ›Ökonomie I‹ und ›Ökonomie II‹.

›Ökonomie I‹ als die ältere, ursprünglichere Bedeutung (oikonomia: oikos = ›Haus‹) meint den ›Haushalt‹ bzw. ist das Wissen über das Funktionieren eines Hauses. Das wird auf die verschiedensten ›Häuser‹ übertragen: So wie ein Privatmann bzw. ein Landwirt der Kundige über die Spielregeln seines Hauses, Gartens, Ackers und natürlich auch seiner Bilanz ist und ein Kaufmann, Betriebsdirektor, Konzernmanager entsprechend, so versucht der ›Volkswirt‹ im Blick auf das ›Haus‹ einer ganzen Region, eines Landes und der Weltwirtschaft etwas zu optimieren. Da der Begriff nicht als oiko-*logia*, d.h. ›*Wissen* über das Haus‹ gebildet wurde, sondern als oiko-nomia, ist jener volkswirtschaftliche oder gesamtwirtschaftliche Aspekt immer mitgemeint; denn nomia kommt von nomos = Gesetz. So ist also von vornherein die gerechte Verteilung ebenso im Blick wie Engpässe und Konflikte, auf deren Hintergrund sich erst die Notwendigkeit eines ›gesetzesgemäßen‹ Haushaltens mit den Lebensgrundlagen ergibt. – So stellt es der Artikel ›Ökonomie I‹ in jenem Lexikon dar, verfasst von Hannah Rabe und mitverantwortet von der gesamten Redaktion[1].

›Ökonomie II‹ ist nun davon abgeleitet: Man stellt(e) sich ›Gott‹, der nach herkömmlicher Auffassung die Welt geschaffen hat und die Geschicke der Menschheit leitet, als ›Hausherrn‹, als großen Ökonomen über das ›gemeinsame Haus der Welt‹[2] und der Welt-Geschichte insgesamt vor. – Diese grundsätzliche Idee taucht vereinzelt schon in den Jahrhunderten vor dem Neuen Testament auf, doch so richtig kommt die Bezeichnung der göttlichen Welt-Leitung als oikonomia erst im NT und bei den Kirchenvätern in Gang. Das Utopische, das bereits im ur-

---

1 Historisches Wörterbuch der Philosophie (Hg. Ritter, Joachim/Gründer, Karlfried) Bd. 6, Basel 1984, 1149–1153, S. 1149. Einerseits ist der Bereich Ökonomie = Heilsgeschichte so riesig und gegenüber Ökonomie = Wirtschaft so eigenständig, dass er dann einen eigenen Lexikonartikel ›Ökonomie II‹ bekommt. Andererseits demonstriert Rabe genau den Zusammenhang beider Bedeutungen.

2 Mit dem Begriff ›Haus Europa‹ dokumentierte Michail Gorbatschow, dass auch im säkularen Russland jene alten orthodoxen Vorstellungen von der Welt-Ganzheit und Welt-Erlösung präsent und politisch leitend sind. Oder: Griechisch ist dem Russen sein Latein und der platonische Idealismus samt Allversöhnungslehre seine Denkwelt, während unser westliches, lateinisch-katholisches Denken traditionellerweise zerfieselt und spaltet – was allerdings auf die moderne katholische (Konzils-)Theologie nicht mehr zutrifft.

sprünglich säkularen Wort oiko-nomia lag, wurde noch einmal grundsätzlicher zum Thema gemacht.

So wie der einzelne Betrieb Subsystem der Volkswirtschaft ist, so wäre dann auch die Wirtschaft Subsystem jenes Welt-Ganzen. So wie BWL ein Teilgebiet der VWL ist, so wäre VWL wiederum ein Teilgebiet der ›Ökonomie II‹ bzw. der Theologie.

Also, um es grafisch darzustellen:

Oberste Ebene: ›Ökonomie II‹/Theologie/Spielregeln des Welt-Zusammenhangs
Mittlere Ebene: ›Ökonomie I‹/Volkswirtschaft
Untere Ebene: ›Ökonomie I‹/Betriebswirtschaft, Landwirtschaft, Haushalt

Dienst der Theologie an einer pluralistischen, atheistischen Welt

Das sagt der Theologe nicht, um über Betriebs- und Volkswirte zu triumphieren, sondern um die verborgenen Informationen wieder lesbar zu machen, die zu den Ursprüngen unserer Überlebenskrise führen, um jene Zeugnisse der Vergangenheit zu deuten, die davon berichten, wie wir in das Gefängnis hineingeraten sind, um diesen Überlieferungs-Schatz zu heben und als Schlüsselwissen zu nutzen, das uns mehr als 5000 Jahre später lehrt, die Türe wieder aufzuschließen. Bisweilen ist ein Blick ins jeweils umfassendere System erforderlich, wenn ein Subsystem ins Stocken gerät. Wenn etwa eine Zellulosefabrik von der Pleite bedroht ist, hilft es nicht immer, das Management auszuwechseln oder neueste Maschinen anzuschaffen, d.h. nur die betriebswirtschaftliche Ebene zu betrachten. Möglicherweise gibt es volkswirtschaftliche Ursachen, also etwa einen Verfall der Zellulosepreise auf dem Weltmarkt; dann wird sich der Betrieb, wenn überhaupt, nur mit diesem übergeordneten Wissen retten lassen. – Analog gilt für die nächste Ebene: Wenn in den einzelnen Volkswirtschaften wie auch in der gesamten Weltwirtschaft etwas schiefläuft, ist es vielleicht an der Zeit, nicht mehr nur mit volkswirtschaftlichem Binnenblick die

Wirtschaft zu betrachten, sondern auch den übergeordneten Komplex der Kultur, der Geschichte, der ›Spielregeln des Welt-Zusammenhangs‹ (ein neuer Übersetzungsversuch für oikonomia!) einzubeziehen. Manche Volkswirte sehen das übrigens genauso und schreiben der Kultur bzw. dem Gesamtgebilde aus geistigen Entwicklungen, Modeströmungen, politischen Tendenzen und Umbrüchen zu, Vorreiter für technische Schlüsselinnovationen und wirtschaftliche Boomphasen zu sein; sie haben also ›Ökonomie II‹ sehr wohl im Blick (vgl. Kapitel 5).

Religiöse Arroganz verbietet sich auch deshalb, weil der Informationsstrom nicht nur einseitig von der Theologie/Ökonomie II zur Wirtschaft/Ökonomie I fließt, sondern auch umgekehrt: weil sich der wahre Sinn manches Dogmas, die eigentliche Bedeutung manches Bibelwortes und der Hintergrund mancher moralischer Gepflogenheit erst dann erschließt, wenn sie auf ganz nüchterne, vordergründige irdische Bedürfnisse, Nöte, Notwendigkeiten, historische Verhältnisse und Umbrüche bezogen werden und wenn die Verzahnung der Religionsgeschichte mit der Wirtschaft und ihrer Geschichte wahrgenommen wird. Diese Blickrichtung ist nur die Einlösung des Versprechens, das die Theologen laufend abgeben, nämlich dass die biblische Botschaft aktuell sei. Es ist nur der Nachweis des Weltbezugs des Evangeliums. Mit dieser Blickrichtung wird keineswegs die Kulturgeschichte auf das Materielle reduziert, sie ist kein ›Materialismus‹ im Sinne von *Erst kommt das Fressen, dann die Moral* (Brecht), *das Sein prägt das Bewusstsein* (Marx) oder *der Essenz geht die Existenz voraus* (Sartre), sondern das genaue Gegenteil: Durch diese Blickrichtung zeigt sich, dass Probleme auf dem wirtschaftlichen Sektor gerade nicht aus sich selbst heraus zu lösen sind, sondern nur durch mehr Planung, mehr Kreativität, höheren Organisationsgrad, Denken, Geist, vielleicht auch mehr von dem, was man heute ›Spiritualität‹ zu nennen sich angewöhnt hat. Durch materielle Nöte provozierte weiterführende kulturelle Neuerungen sind Antworten von einer höheren Ebene.

Das Sein fordert das Bewusstsein heraus. Indem sich das Bewusstsein weiterentwickelt, vermag es das Sein umzugestalten, über die nächste Schwelle zu hieven, auf eine höhere Stufe ›*upzudaten*‹. Für unser heutiges Verständnis alter Texte und Traditionen wie auch (mehr oder weniger bewusster) traditioneller Prägungen aber ist wichtig: Erst wenn jener ursprüngliche Bezug kultureller Entwicklungen auf die Wirtschaft, auf die Geschichte, auf den Alltag mit seinen Problemen sichtbar wird, fallen vom Dogma, vom Weisheitsspruch, von der rätselhaft-mythisch anmutenden Erzählung, von der tradierten Ordnung die Hüllen ab, die sie unseren Blicken und unserem Zugriff entrücken. Statt nur die Wahl zu haben zwischen unreflektiertem Gehorsam vor dem vermeintlich Heiligen (so die traditionalistisch-religiöse Haltung) und vermeintlich rationalistischem Ablehnen des Unverstandenen (so die traditionell-aufklärerische Religionskritik), werden wir in die Lage versetzt, nach Funktionalität zu entscheiden, welche Traditionen ihre Aufgabe hatten bzw. erfüllt haben (z.B. patriarchales, hierarchisches und asketisches Denken), welche zeitlosen Werte bleiben (z.B. Schutz des Lebens) und welche neuen Spielregeln in Zukunft zusätzlich benötigt werden (z.B. Umweltverantwortung).

Konkret: Jene Institutionen und Weltanschauungen, die uns das patriarchale, hierarchische und asketische Denken als Grundlage des Zwangs zum materiellen Wachstum eingebrockt haben, sind jetzt, da jenes ›Gesetz‹ ›erfüllt‹ und das Wachstum lebensbedrohlich geworden ist, gefordert, den ›Rückbau‹ zu betreiben. – Mit dieser präzisen Forderung bzw. mit diesem ›ganzheitlichen‹ Blick stehe ich in der Theologie freilich allein auf weiter Flur: Während die katholischen Kollegen den Wertewandel insgesamt ablehnen, springt die evangelische Kirche auf jeden beliebigen nach Wertewandel riechenden Zug auf.

Der langen Rede kurzer Sinn: Sie dürfen dies also als einen fachlich-theologischen Beitrag sehen, der endlich einmal sagt, was Religion/Kirche/Theologie längst sagen müsste, um der Welt weiterzuhelfen. Der Schuster bleibt also bei seinen Leisten. Zugleich ist dieser breit begründete Anstoß zum Umdenken zu 100% ein Beitrag zur Wirtschaftspolitik. Weil Erkenntnis neuer Chancen und Möglichkeiten eben nun mal ein geistiger Vorgang ist.

Noch eine Bemerkung vorweg: ›ökologisch-soziale Marktwirtschaft‹ ist ein klar definierter volkswirtschaftlicher Ansatz: ›Umfinanzierung von

Arbeitskosten durch Ökosteuern‹ (so bisher; dies wird noch modifiziert werden). Um mich verkürzt auszudrücken, spreche ich manchmal ebenso von ›öko-sozial‹ oder ›ökosozial‹. Auch die Presse verwendet diese Kurzbegriffe im Sinne von ›ökologisch-sozial‹. Leider steht ›ökosozial‹ aber auch für einen vollkommen anderen wirtschaftspolitischen Ansatz: dem des Sozialarbeitswissenschaftlers Wolf Rainer Wendt, der damit aber nichts Ökologisches bezeichnet, sondern die Sichtweise verkörpert, dass Wirtschaft und Gesellschaft mit allen möglichen Ressourcen ökonomisch umgehen. So sehr diese Betrachtung und Benennung ihre Logik und Berechtigung hat, so sehr muss ich doch klarstellen, dass dies hier mit ›ökosozial‹ NICHT gemeint ist.

Danksagungen an meine helfenden Gesprächspartner_innen könnten auch beim besten Willen niemals vollständig sein, deshalb versuche ich sie erst gar nicht, sondern danke hier vor allem der Familie, die mir den Rücken für dieses Projekt freigehalten hat, insbesondere meiner Frau, meiner Jugendliebe seit 1970.

In Stellvertretung für beide, Gesprächspartner und Familie, widme ich dieses Buch

dem Gedenken meines lieben Schwiegervaters:

Dr. oec. publ. Klaus Ulrich Wedding *1926 †2007

Forstwissenschaftler, Volkswirt und Walter-Eucken-Schüler

Einleitung für das Ganze

Haupt-These

Die Frage *Tarifkampf oder nachhaltige Einkommenssicherung?* ist DER Wendepunkt des 21. Jahrhunderts. Hier bündeln sich auch weitere Fragen und Herausforderungen, vor denen unsere Welt mit ihrer Überlebenskrise derzeit steht:

- Naturzerstörung – oder zukunftsfähige Industriegesellschaft?
- Integrationsprobleme und Dauerkampf gegen Zuwanderung (›Festung Europa‹) – oder Minderung der Fluchtursachen durch globalen Wohlstand?
- Attraktiver Wirtschaftsstandort: auf Kosten der Geringverdiener – oder zum Nutzen aller?

Die provokante These dieses Buches: Das eingespielte ›Ritual‹ des Tarifkampfes dient nur scheinbar der Einkommenssicherung der ›kleinen Leute‹. Diese Kritik beabsichtigt in keiner Weise, die Leistungen der Gewerkschaften für bessere Arbeits- und Lebensbedingungen zu schmälern und den Lohnempfänger(inne)n etwas wegzunehmen, sondern im Gegenteil: ihnen etwas viel Besseres zu ermöglichen, und zwar zusätzlich zum Arbeitseinkommen, das ihnen weiterhin sicher ist, weil die neue, hinzukommende Einkommensform den Arbeitsmarkt noch stabiler machen kann. Mit oder neben jenem Besseren und unabhängig davon kann und soll natürlich jegliche Tarifautonomie, Streikmöglichkeit, gewerkschaftliche Autonomie bzw. Koalitionsfreiheit usw. erhalten bleiben.

Also, noch einmal: Dieses eingespielte ›Ritual‹ dient nur scheinbar der Einkommenssicherung der ›kleinen Leute‹. In Wirklichkeit fördert es die

Gewinnmöglichkeiten der Kapitalanleger – zu Lasten der Arbeitnehmerinnen und Arbeitnehmer. Abgesehen davon vernichtet es sogar Arbeitsplätze. Doch die Arbeitslosen sind längst nicht die Einzigen, die vom ›Segen‹ einer Tariferhöhung ausgeschlossen bleiben: Außerhalb der Tarifbindung wächst – wie Gewerkschaftsführer mittlerweile zugeben müssen – derzeit ein neues ›Proletariat‹: Ausgerechnet in den Zukunftsbranchen IT und Kreativität müssen hochqualifizierte Leistungsträger_innen unter dem Existenzminimum leben! Hinzu kommt: Ein Tarifkampf erzwingt Wachstum auf Kosten der natürlichen Lebensgrundlagen. Die damit erfolgende Bindung von Kapital in noch mehr Automatisierung zieht nicht nur den hiesigen Arbeitnehmer(inne)n die offizielle Gehaltserhöhung heimlich hinten wieder aus der Tasche, sondern verhindert auch die nötigen Investitionen in den Schwellen- und Entwicklungsländern. Nicht nur für den Mangel an *sozialer Gerechtigkeit* (›linkes‹ Thema), sondern auch für *Flüchtlingsströme und Integrationsprobleme* (›rechtes‹ Thema) kann also das verbissene Festhalten an der einstmals richtigen, allmählich aber immer falscher gewordenen Tarifpolitik verantwortlich sein.

Den Nachweis für diese vielfachen Negativwirkungen der gewohnten Tarifpolitik bringt Kapitel 2. Zuvor in Kapitel 1 wird – positiv – die Alternative geschildert: eine neue Möglichkeit, Einkommen für ALLE zu sichern und zu steigern – durch ein dynamisch wachsendes Grundeinkommen, finanziert aus den neben dem Faktor menschliche Arbeit hochgewachsenen anderen Wirtschaftsfaktoren: aus einer steigenden Besteuerung von Energie und (Investiv-)Kapital.

Diese Möglichkeit ist erst im Laufe der Industrialisierung entstanden. Deshalb ist sie für uns, die wir gewohnheitsgemäß auf ausgetretenen Pfaden wandeln – immer noch – ›neu‹. Wegen dieser Neuheit und Ungewohntheit treten wir politisch auf der Stelle, obwohl wir nicht nur alle Techniken und alles Know-how haben, um die Überlebenskrise hinter uns zu lassen, sondern auch die meisten der dafür nötigen politischen Instrumente. Die ökologisch-soziale Marktwirtschaft ist bei uns längst installiert. Nur dass das keiner bemerkt hat. Kaum jemandem ist bewusst, wie man die von der rot-grünen Schröder-Regierung 1999/2000 eingeleiteten ersten Schritte noch sehr viel weitergehen und konsequent ausbauen könnte.

Das Problem ist, dass wir zu sehr in gewohnten Sichtweisen, Denk- und Verhaltensmustern gefangen sind. Das Problem ist, dass wir in unserem politischen Betrieb, ohne nachzudenken, am inszenierten Tarifkampf festhalten, der unnötig ist und äußerst schädliche Folgen hat.

Die bevorstehende Wende ist eine *Entlastungs-Wende*. Entlastet werden die Einkommen der ganz normalen Leute: durch ein Zusatzeinkommen, die Umwelt vom Kapitalstock-Wachstum und die ›Dritte Welt‹ davon, dass die Investitionen in den Industrieländern kleben bleiben. Man könnte sie auch ›Sicherheits-Wende‹ nennen, denn es geht um mehr ökologische, politische und persönliche wirtschaftlich-finanzielle Sicherheit.

Themenüberblick

Aufgrund dieser Ungewohntheit des Neuen gibt es nicht nur den kurzen ersten Teil mit den beiden Kapiteln ***1. Die neue Ordnung.*** *Wie das Zukunftsmodell einer ökologisch-sozialen Marktwirtschaft funktioniert und wie wir dorthin kommen* und ***2. Der eingespielte tödliche Scheren-Mechanismus.*** *Wie ein Bündnis aus Kapitalanlegern und Gewerkschaftsspitzen unsere Welt bedrängt.*

Im zweiten Teil wird diese neue Sichtweise bzw. Handlungsmöglichkeit sodann ausführlich begründet:

- aus der *Evolutionstheorie* (Kapitel 3),
- aus der *Geschichte* (Kapitel 4),
- aus der Theorie der *langen Wellen der Konjunktur* (Kapitel 5), mit der in der Volkswirtschaftslehre der konkrete Gang der letzten 250 Jahre Industrialisierung geschildert wird sowie Prognosen für die Wirtschaft der Zukunft entwickelt werden.

Sie können es wenden!

Wenn ich mich im ersten Teil auf die Informationen beschränke, die Sie brauchen, um mitzuhelfen, die gegenwärtige Lage zu wenden, dann ist das ein Appell an Ihre Verantwortung. Mittun und Mitdenken möglichst vieler ist gefragt. Mittun und Mitdenken wird ermöglicht durch die hier dargebotene neue Perspektive. Die seit der ›Flüchtlingskrise‹ 2015 sich immer mehr spaltende Gesellschaft in Deutschland und seinen Nachbarländern kann wieder versöhnt werden, wenn sie sich gemeinsam an das Zukunftsprojekt macht; wenn ihr bewusst wird, wie einfach die Wende zur ökologisch-sozialen Marktwirtschaft zu bewerkstelligen ist, wenn sie darüber zu debattieren beginnt. Denn die sich mit diesem Diskussionsprozess vollziehende Wende erfüllt die Gründungsaufträge aller demokratischen Parteien von links bis rechts:

- soziale Gerechtigkeit (SPD),
- breiter gestreutes Eigentum an Produktionsmitteln (Linke),
- ökologische Reform, gesunde Umwelt, nachhaltige Wirtschaft (Grüne),
- politische und wirtschaftliche Freiheit und Eigenverantwortung (FDP),
- Bewahrung christlicher Werte (CDU/CSU), wirtschaftlicher Erfolg – und ebenso:
- Minderung der Migration, Bewahrung der Identität, was von der politischen Farbe ›blau‹ vertreten wird, also von Teilen der Union und von der AfD – soweit es noch gelingt, blau von ›braun‹ zu trennen, d.h. sich von Gewalt, Diktatur, Rassismus, Judenfeindschaft und Geschichtsverfälschung zu distanzieren (was der Union meistens, der AfD aber immer seltener gelingt).

Der neue politische Ansatz einer ökologisch-sozialen Marktwirtschaft richtet sich gegen niemanden, weder gegen links noch gegen rechts; er richtet sich ausschließlich gegen die Spaltung unserer Gesellschaft und gegen das Auf-der-Stelle-Treten bzw. das Aussitzen und Verleugnen unserer Probleme. Um es derb zu sagen: Er richtet sich gegen die ›Verarschung‹, die von vielen Leuten einfach intuitiv-ahnend, dumpf, ohnmächtig-wütend wahrgenommen wird, weshalb es zur Radikalisierung an beiden Rändern des politischen Spektrums kommt.

Zur bisherigen ›Krisen-Literatur‹

In den letzten vier bis fünf Jahrzehnten wurde viel geredet und geschrieben über Untergangsszenarien und Reformbedarf, über Umwelt- und Atomkatastrophen, über die zunehmende Kluft zwischen Arm und Reich und DIE SCHATTEN DER GLOBALISIERUNG[3]: ein Buchtitel, der ebenso zum geflügelten Wort wurde wie TERROR DER ÖKONOMIE[4] oder GLOBAL BRUTAL[5]. Geändert hat diese neuere ›Globalisierungskritik‹ so wenig wie die ›Klassiker‹, etwa die Bilanz und Prognose des Club of Rome GRENZEN DES WACHSTUMS (1972), und die von der US-amerikanischen (Carter-)Regierung veranlasste Studie von 1980 mit dem Titel GLOBAL 2000 – sieht man ab von politischen Einzelmaßnahmen, die aber insgesamt als unzureichend empfunden werden. Neue Erkenntnisse auf diesem Gebiet oder neue Veröffentlichungen von Fakten und Einschätzungen sind, und seien sie noch so niederschmetternd, gerade einmal eine Meldung wert oder vielleicht noch einen mehrtägigen ›Aufreger‹; dann wird wieder zur Tagesordnung übergegangen. Nach diesem Muster laufen alle Reaktionen ab, ob nach Lebensmittelskandalen, Giftunfällen oder nach Veröffentlichung der Folge-Studie des Club of Rome Anfang Mai 2012 (2052: EINE GLOBALE VORHERSAGE FÜR DIE NÄCHSTEN 40 JAHRE). Trotz scharfzüngigen Analysen, trotz Aufdeckung schreienden Unrechts (z.B. Jean Ziegler DER HASS AUF DEN WESTEN 2009), trotz internationalen Konferenzen kam es nicht zum Übergang in eine andere, neue, bessere Ordnung. Trotz ›Fukushima

3 Von Joseph E. Stiglitz, Nobelpreisträger und Ex-Chefökonom der Weltbank 2002.

4 Forrester, Viviane: Der Terror der Ökonomie, Wien (Zsolnay) 1997; München (Goldmann) 1998.

5 Chossudovsky, Michel: Global brutal. Der entfesselte Welthandel, die Armut, der Krieg, Frankfurt am Main (Zweitausendeins) 2002, engl. Orig. 1997.

2011‹, der zweiten radioaktiven Verstrahlung einer großen Region der Erde innerhalb nur eines Vierteljahrhunderts, kam es nicht zur globalen Abkehr von der Atomwirtschaft.

Denn es kam noch nicht einmal zum theoretischen Entwurf einer erstrebenswerten und erreichbaren Alternative. Die erwähnte Literatur erschöpft sich entweder wie die Tagesmedien in Berichten über die Katastrophenthemen, im Darstellen von Skandalen und in der Anklage, oder sie mündet in Appelle an Gewissen und Verhalten des Einzelnen, fordert mehr Demokratie oder mehr Kontrolle, beschreibt aber nicht, welches Ziel dadurch erreicht, also z.B. welche konkrete andere wirtschaftspolitische Weichenstellung durch die neuen demokratischen Instrumente verwirklicht werden soll. Wenn aber Wirtschaftspolitik im Blick ist, wird oft nur ein populär wirkender Teilaspekt herausgegriffen, etwa wenn die internationale Organisation Attac eine Spekulationsgewinnsteuer fordert, ohne zu begründen, warum ausgerechnet dies zu einer gerechteren Welt führen soll. Der schöne Attac-Leitsatz *Eine andere Welt ist möglich* soll damit ebenso wenig abgewiesen werden wie die Frage, ob eine ›Tobin-Tax‹ vielleicht ihren festen Platz in einem insgesamt erneuerten Steuer- bzw. Steuerungsinstrumentarium haben könnte.

Es soll auch weder der Veröffentlichung von Erkenntnissen, Fakten, Zahlen und Missständen noch den vielen Initiativen, die einen Aspekt fokussieren, ihr Wert abgesprochen, sondern lediglich gesagt werden, dass dies nur erste Schritte sein können. Sogar der taugliche Leitsatz WUT ALLEIN REICHT NICHT[6], genügt allein eben auch nicht.

Grundlegende Ideen, die hier vertreten werden, z.B. Ökosteuern, gehen auf Hans Christoph Binswanger (1929–2018) zurück. Er vertrat aber auch, dass ein bisschen Wachstum sein müsse. Das will ich gar nicht bestreiten; allerdings meine ich, dass zu unterscheiden ist zwischen einem materiellen bzw. Kapitalstock-Wachstum und einem immateriell-kreativen geistigen Wachstum, einer Steigerung von Komplexitäts- bzw. Organisationsgrad oder einfach der menschlichen Fähigkeiten: immens wert-

6 So der Titel eines 2010 in Gütersloh erschienenen Buches des TV-Schauspielers Hannes Jaenicke.

voll, aber zum ökologischen Nulltarif. Aus demselben Grund geht auch die jüngste Veröffentlichung des Sohnes (Mathias Binswanger) über den Wachstumszwang[7] völlig an der Sache vorbei.

Wende durch Bewusstseinswandel?

Zudem gibt es seit dem allgemeinen Krisen- und Problembewusstsein der 1960er und seit dem speziellen Umweltbewusstsein der 1970er und 80er Jahre vielfältige Ansätze, das bedrohte Überleben der Menschheit durch einen epochalen ›Paradigmenwechsel‹ oder gar (durch) eine neue kulturelle Bewusstseinsstufe lösen zu wollen[8]. Auch das ist zwar – ebenso wie die erwähnten Problemanalysen und wirtschaftspolitischen Teilaspekte – grundsätzlich zu begrüßen, denn es kann den Blick für Probleme wie für Lösungen schärfen, wenn verschiedene Entwicklungen in einen großen Zusammenhang gebracht werden. Was das Erkennen und Beschreiben von gesellschaftlichen Phänomenen angeht, kann man den Deutern des Neuen danken, dass sie wichtige Strömungen und intellektuelle Tendenzen oft zutreffend erfassen[9] und interessant aufbereiten.

Doch das Ziel rückt in utopische Ferne, wenn ich oder gar die Menschheitskultur erst den Klimmzug zu einer höheren Stufe vollbringen muss. Bis dahin sind weitere Pazifik-Paradiese überflutet, Landschaf-

---

7 Mathias Binswanger: Der Wachstumszwang. Warum die Volkswirtschaft immer weiterwachsen muss, selbst wenn wir genug haben. Wiley-VCH, Weinheim 2019.

8 ›Klassiker‹ dieser Literatur sind z.B. Marilyn Ferguson, Frithjof Capra und Ken Wilber. Auch solche um Seriosität bemühten, wissenschaftlich arbeitenden Autoren werden oft unter ›New Age‹ eingeordnet; doch ist diese Schublade heute eher durch einen ganz bestimmten bunten und zugleich irrational-okkulten Stil gefüllt; freilich lassen sich Querverbindungen und gegenseitige Einflüsse nicht leugnen.

9 Das trifft insbesondere auf das zu, was das 2010 im Gütersloher Verlagshaus erschienene Buch Gott 9.0 von Tilmann Haberer, Marion und Werner Tiki Küstenmacher als neue, künftige, durch einzelne Persönlichkeiten schon vorweggenommene Bewusstseinsstufen darstellt.

ten vermüllt, Urwälder unwiederbringlich abgeholzt, Minderheiten und Sprachen sowie Tier- und Pflanzenarten ausgerottet.

Während die journalistischen Skandalaufdeckungen und die Appelle an die individuelle Verantwortung zu kurz greifen, schießt jene dritte Variante über das Ziel hinaus. Spekulationen über künftige Paradigmenwechsel, Bewusstseinsstufen und ›Spiritualität‹ *verhindern* geradezu eine Auseinandersetzung mit der konkreten Wirtschaftspolitik HIER UND HEUTE.

Eine Auseinandersetzung mit Wirtschaftspolitik muss keineswegs knochentrocken und unnahbar sein. Gerade wenn Politik und Wirtschaft der Gegenwart in einen geschichtlichen und evolutionären Kontext gestellt werden, erschließt sich eine andere Sicht auf sie und auf die Möglichkeit der Veränderung. Dieser geschichtliche und evolutionäre Zusammenhang berührt die tiefste zugrundeliegende Weichenstellung für Denken und Verhalten und damit die religiöse Ebene. Dabei geht es nicht um Spekulation, Spiritualität oder Schwärmerei, sondern, wie schon gesagt, schlicht um kulturelle Prägungen, die trotz bewusst wahrgenommenen ›Wertewandels‹ fortdauern und uns von einem echten Wandel bei der Wirtschaftspolitik abhalten.

Dieses Buch teilt mit der ›Paradigmenwechselliteratur‹ Anliegen und Methode, aber nicht deren spekulative Annahmen; vielmehr geht es an das Thema Religion auf der Grundlage wissenschaftlicher Theologie, soziologischer und historischer Forschung heran. Es greift außerdem auf die erwähnten Berichte, Anklagen, Appelle und Teilaspekt-Initiativen und -Fokussierungen zurück, aber ohne sie im Einzelnen wiederzukäuen; die Fakten werden als bekannt vorausgesetzt. Die Aktualität dieses Buches entsteht durch den Aufweis der sofortigen Veränderbarkeit: nicht der Persönlichkeit des Lesers, nicht des Bewusstseins der Menschheit, sondern wirtschaftspolitischer Strukturen. Und zwar deshalb, weil die neuen Steuerungsinstrumente im Grunde längst vorhanden sind. Jeder Abgeordnete, jede Stadträtin, jeder Behördenleiter oder Gewerkschaftssekretär, jede Partei oder Verbandsfunktionärin kann jederzeit darauf angesprochen und an seine/ihre Verantwortung innerhalb des großen Ganzen eines Parlaments, einer

Partei, eines Gemeinwesens erinnert werden. Und: Wir werden auf ein zugespitztes ›Zauberwort‹ stoßen, mit dem sich das Ganze sofort wenden lässt.

Fokussierung des Bevölkerungswachstums (Brunschweiger)

Verena Brunschweiger benennt in ihrem Buch KINDERFREI STATT KINDERLOS[10] neben den persönlichen Risiken für jede Mutter bei jeder Geburt die ökologisch verheerende Wirkung unserer weltweiten Übervölkerung und plädiert für ›Kinderfreiheit‹ als etwas individuell, gesellschaftlich und ökologisch Vorteilhaftes. Sie rechnet vor, wie viele Tonnen CO2 ein Mensch mit ›westlichem‹ Lebensstil verbraucht und dass dies etwa 30mal mehr ist als ein Mensch in Afrika südlich der Sahara. Sie plädiert auch dafür, dass der Staat nicht Familien bzw. Nachwuchs fördern, sondern eigentlich umgekehrt Kinderfreiheit prämieren sollte, und beklagt, welcher seelisch-moralische Druck sowohl durch staatliche Propaganda als auch im Alltag durch stolze Mütter und Väter als auch durch ein ›pronatalistisches‹ Klima in der Gesellschaft auf Kinderfreie ausgeübt wird. Dementsprechend löste ihr Buch dann auch einen unglaublichen Proteststurm aus, vor allem im teils miefig-konservativen Klima Regensburgs, wo die Autorin arbeitet.

Da ich zufällig in derselben schönen Stadt tätig bin, begegne ich fast täglich Zeitgenoss(inn)en, die das Buch meist gar nicht gelesen haben, sich aber darüber aufregen. Von ihnen verlange ich, zwei Fragen zu beantworten: Was tun gegen die Übervölkerung unserer Erde? Und was gegen deren Zerstörung durch Ressourcenverschleiß, CO_2-, Müll- und Giftausstoß?

---

10 Verena Brunschweiger: Kinderfrei statt kinderlos. Ein Manifest, Marburg (Büchner) 2019. Der Buchtitel zielt darauf ab, dass die je freiwillige Entscheidung eines Paares gegen die Zeugung von Kindern bzw. die unbedingt zu respektierende Entscheidung einer Frau gegen eine Mutterschaft etwas Gewinnbringendes und damit etwas anderes ist als ›Kinderlosigkeit‹, was ein pejorativer Begriff ist bzw. ein Defizit ausdrückt.

Die Gesamtbelastung für die Umwelt ist ja wohl das Resultat aus:

Größe des ökologischen Fußabdrucks westlich lebender Menschen
×
Anzahl den westlichen Lebensstil pflegender Menschen

Während Brunschweiger den Faktor *Anzahl* fokussiert, wäre es genauso möglich bzw. zur Erholung unserer Erde zielführend, den Faktor *Größe des ökologischen Fußabdrucks* ins Zentrum zu rücken und diesen Faktor zu mindern. Wer dazu nichts beizusteuern hat, ist aus meiner Sicht allerdings moralisch dazu verpflichtet, Brunschweigers Appell zu folgen!

Es ist ja nicht so, dass andere Gesellschaften nicht auch ›unseren‹ westeuropäischen Weg gingen: In Regionen Indiens (so groß und vielfältig wie Europa), die Hightech, Wohlstand und Versicherungen haben, ist das Bevölkerungswachstum längst zum Stillstand gekommen. Oder ein von Brunschweiger angeführtes Beispiel: In Spanien und Süditalien, wo die neue Freiheit mittlerweile ebenfalls angekommen ist, lassen sich Frauen deutlich weniger zum Kinderkriegen zwingen als früher. Nur bei uns, die wir uns an der Spitze wähnen, kam es seit den 90ern immer mehr zum Abbau des einst hochgehaltenen Frauenrechts auf Kinderfreiheit – dank einer neokonservativen Dauerpropaganda. Darauf hereingefallen zu sein, das ist der Kern der Scham derer, die Steine nach der Prophetin statt nach den Verantwortlichen werfen.

Warum stößt eigentlich auch unsere Politik ins Horn ›pronatalistischer‹ Dauerpropaganda?

Weil sie unfähig ist, das Rentenproblem zu lösen. Das war sie schon Ende der 50er Jahre, als Ludwig Erhard anmahnte, langfristig lasse sich weder das damalige Wachstum durchhalten noch die reine Arbeitslohnfinanzierung der Renten. Konrad Adenauer tat das mit der Bemerkung ab: »Kinder kriejen de Leute immer«. In seiner Nachfolge fordert Bundesgesundheitsminister Jens Spahn uns denn auch genau dazu auf.

Der wahre Grund: Es ist das größte Tabu, dass zur Finanzierung von Renten, Sozialstaat überhaupt und Einkommen insgesamt irgendein anderer Wirtschaftsfaktor als allein die Arbeitskosten heranzuziehen sein könnte, etwa durch Besteuerung von Energie und (Investiv-)Kapital. Dieses anti-ökosoziale Tabu ist unserer Regierung so viel wert, dass sie darüber einen einst erreichten gesellschaftlichen Fortschritt lieber wieder zu Bruch gehen lassen will, als die Pleite unseres Rentensystems und ihre eigene Konzeptionslosigkeit einzugestehen.

Leider versteigt sich die Autorin, dem Philosophen David Benatar folgend[11], in die nihilistische Weltanschauung (Schopenhauer, Nietzsche und andere), nach der Nichtexistenz besser sei als Existenz. Als Utopist und Idealist halte ich demgegenüber all das Furchtbare und Zerstörerische, das wir in dieser Welt erfahren, für eine Herausforderung und für letzten Endes überwindbar; unsere Aufgabe ist es m. E., durch eigenen beständigen *trial and error* (Darwin) persönlich und hinsichtlich der übergeordneten Strukturen voranzukommen[12].

Doch in der Zeit nach der hier beschriebenen globalen ›Wende‹, sobald die ökosozial finanzierten Sozial- und Einkommenssysteme tragen, wird der Bevölkerungszuwachs weltweit stagnieren, weil weder die persönliche Versorgung noch der Sozialstaat als Ganzer nachwuchsabhängig sein werden. Sobald die jetzt noch herrschende Wachstums-Ideologie und Wachstums-Macht gebrochen ist, ist die Zeit der ›Kinderfreiheit‹ gekommen. Selbstverständlich wird es dann auch weltweit genügend geistigen Raum geben, für wieder mehr natürlichen Raum auf diesem Erdenrund zu werben, d.h. einen Bevölkerungsrückgang zu propagieren. Die ökologisch-soziale Marktwirtschaft schafft Freiheit in beide Richtungen: ausreichende Versorgung von Nachwuchs, Müttern und Vätern und zugleich Freiraum, sich im persönlichen Leben die Risiken und Nachteile der Elternschaft *nicht* anzutun, sondern sich stattdessen – viel bequemer und ungebundener – auf andere Weise zu verwirklichen bzw. anderes zum Ganzen beizutragen.

---

11 Benatar, David: Better Never to Have Been. The Harm of Coming into Existence, Oxford 2007.

12 Siehe unten Kapitel 3.

Weltweiter, nachhaltiger Wohlstand – Anknüpfung am Ordoliberalismus

›Wohlstand für alle‹ nannte Ludwig Erhard seinen 1957 erstmals erschienenen, in vielen Auflagen später nachgedruckten Bestseller, der wie ein Kommentar zum gleichzeitigen ›Wirtschaftswunder‹ war. Darauf spielt der Untertitel *Wohlstand für alle – weltweit und nachhaltig* an; damit möchte ich einerseits Bewunderung nicht nur für den Nürnberger Wirtschaftsprofessor auf dem Ministersessel, sondern auch für die gesamte ›ordoliberale‹ Schule zum Ausdruck bringen. Andererseits markiert das Wörtchen ›weltweit‹ eine Ausdehnung. Denn in den letzten Jahren haben Deutschland und die gesamte Europäische Union zunehmend erfahren, dass wir keine Wohlstands-Insel sein können. Spätestens seit Mitte 2015 beobachtet die Öffentlichkeit mit Sorge, dass entweder Hunderte im Mittelmeer untergehen und Tausende an die Küsten unserer ›Südstaaten‹ gespült werden, oder ganze Menschenfluten über Landverbindungen zu uns vordringen (oder gar durch gelockerte Grenzregime überhaupt erst zum Aufbruch ermutigt werden).

Es dürfte jeder und jedem ins Auge springen, dass es gar keine andere Chance gibt, als massiv für einen wirtschaftlichen Aufbau, für eine Perspektive in den Armutsländern Afrikas und Asiens zu sorgen. Trumps wahnwitzige Mauerbaupläne und sein mutwilliges Aufkündigen der bislang engen Freundschaft der USA mit Mexiko haben vielen bewusst gemacht, dass Selbiges natürlich für die entsprechende Situation auf dem amerikanischen Kontinent gilt. Mit dem Problem bzw. der Chance des Globalen hängt das Problem bzw. die Chance der Nachhaltigkeit zusammen. Einerseits ist es oft nichts als unsere Gier nach Rohstoffen, besonders Erdöl, die jene unsäglichen ›Interventionen‹ motiviert, die z.B. im Falle des Irak die Probleme erst erzeugen. Das erinnert an die ›Kanonenbootpolitik‹, an das Zeitalter des Imperialismus vor über hundert Jahren. Andererseits werden bisweilen die Heimatländer bzw. Lebensgrundlagen derer, die dann als Asylbewerber an unsere Türen klopfen, durch die aus unserem ›sauber‹ bleibenden ›Westen‹ global nach ›draußen‹ verlagerte Umweltzerstörung vernichtet.

Die ›soziale Marktwirtschaft‹ ist nur *eine* mögliche Konkretisierung des Ordoliberalismus, der grundsätzlich davon überzeugt ist, es reiche aus, die Weichen so zu stellen, dass kein Teilnehmer der Wirtschaft untergeht, sondern im Notfall durch ein soziales Netz aufgefangen wird – und dann könne man alle Vorzüge einer ›freien‹ Marktwirtschaft genießen.

Längst ist die Finanzierung jenes sozialen Netzes brüchig geworden. Was liegt da näher, als diese Finanzierung auf ›ökologische Füße‹ zu stellen, und damit zugleich das Umweltproblem zu mindern? – Warum sich dieses Lösungsmodell, d.h. die ökologisch-soziale Marktwirtschaft sofort förderlich auf die ›Dritte Welt‹ auswirkt, ist allerdings etwas verwickelter; es wird aber sogleich im ersten Kapitel klar werden.

TEIL I: Globaler Wohlstand durch ökologisch-soziale Marktwirtschaft

Das politische Handwerkszeug für die Wende

Vorweg: zum Begriff ›ökologisch-soziale Marktwirtschaft‹

Die folgenden beiden Kapitel schildern zuerst ein konkretes Modell der ›ökologisch-sozialen Marktwirtschaft‹, sodann, warum unsere bisherige Form der Marktwirtschaft veraltet ist bzw. wie deren Runderneuerung gezielt und konkret verhindert wird.

Hinsichtlich der bisherigen öffentlichen Verwendung des Begriffs ›ökologisch-soziale Marktwirtschaft‹ gilt Ähnliches wie für die soeben erwähnte Literatur zur Umweltproblematik und zur Überlebensfrage allgemein: *Wie* jene neue Wirtschaftsweise *konkret* funktionieren soll, bleibt unklar, obwohl der Begriff oft genannt wird und obwohl die Diskussion darüber bereits in den achtziger Jahren des 20. Jahrhunderts angestoßen wurde, v.a. durch den schon erwähnten bekannten St. Galler Volkswirtschaftslehrer Hans Christoph Binswanger.

So ist denn ›ökologisch-soziale Marktwirtschaft‹ für die meisten bisher nichts weiter als ein ›Arbeitstitel‹. Herauszuhören sind drei attraktive Stichworte: *Marktwirtschaft*, d.h. die wirtschaftliche Freiheit, die uns nach allgemeiner Auffassung bisher Erfolg und Wohlstand gebracht hat; der *Sozialstaat*, der Sicherheit für den Fall schafft, dass man/frau nicht (mehr) aktiv am Erfolg teilhaben kann; und *Ökologie* als das neue Erfordernis, das unsere bisherige Wirtschaftsform nur in unzureichender Weise erfüllt. Alles in allem klingt ›ökologisch-soziale Marktwirtschaft‹ nach einer Weiterentwicklung der seit Ludwig Erhard bewährten und populären ›sozialen Marktwirtschaft‹, und zwar so, dass diese neben sozialer Ausgewogenheit eben endlich auch ökologische Nachhaltigkeit gewährleistet.

Den beiden großen Kirchen in Deutschland klang dieser Arbeitstitel attraktiv genug, um sich 1997 und 2014 für eine ökologisch-soziale Marktwirtschaft als Alternative zum bisherigen, sozial und ökologisch zerstörerischen ›Kapitalismus‹ auszusprechen – im 1997 schlagzeilenträchtigen ›gemeinsamen Sozialwort‹[13] bzw. in der ›Sozialinitiative‹ von 2014. Rätselhaft bleibt freilich, warum in jeder weiteren kirchlichen Stellungnahme zu politischen, gesellschaftlichen, wirtschaftlichen und sozialen Entwicklungen nach 1997 bzw. 2014 jegliche Bezugnahme darauf fehlt, warum weder jene Argumentation genutzt und ausgebaut noch die Forderung nach ökologisch-sozialer Marktwirtschaft auch nur dem Begriff nach je wieder erwähnt wird[14].

Sodann gibt es ein hochkarätig besetztes ›Forum ökologisch-soziale Marktwirtschaft‹, das auch die Bundesregierung berät und 1999-2003 mitwirkte, als die damalige rot-grüne Regierung Schröder erste kleine Schritte in Richtung ›ökosozial‹ auf den Weg brachte. Hier (etwa auf der Homepage www.foes.de) erfährt man immerhin, dass es darum gehe, mithilfe von Ökosteuern die Arbeitskosten zu senken. Studien aus den Reihen jenes Arbeitskreises weisen makroökonomisch nach, dass schon die vollzogene Mini-Reform, nämlich aus Ökosteuern einen Teil der Arbeitgeberbeiträge zur Rentenversicherung zu finanzieren, sowohl die Umweltbelastung als auch die Arbeitslosigkeit messbar verringert hat[15].

---

13 So der geläufige Kurztitel, den allerdings erst die Berichterstattung dem Papier verlieh. Offiziell lautet dessen Titel: *Für eine Zukunft in Solidarität und Gerechtigkeit. Wort des Rates der Evangelischen Kirche in Deutschland und der Deutschen Bischofskonferenz zur wirtschaftlichen und sozialen Lage in Deutschland.* URL: http://www.ekd.de/EKDTexte/sozialwort/sozialinhalt.html.

14 Rätselhaft ist auch, warum die klare Entscheidung für ein stimmiges Zukunftskonzept 1997/2014 die EKD nicht davon abhielt, mit der Denkschrift *Solidarität und Selbstbestimmung im Wandel der Arbeitswelt* 2015 das genaue Gegenteil zu propagieren: Fixierung auf Tarifpolitik, d.h. Zementierung des Wachstumszwangs.

15 Z.B. Benjamin Görlach, Markus Knigge: Die ökologische Steuerreform. Auswirkungen auf Umwelt, Beschäftigung und Innovation, Berlin (Ecologic. Institut für Internationale und Europäische Umweltpolitik) 2005, S. 8. URL: http://ecologic.eu/de/1155.

Auch das wirft Rätsel auf: Warum wird diese ›Umfinanzierung der Arbeitskosten durch Ökosteuern‹ nicht stärker und konsequenter betrieben? Und wie könnte ein Modell aussehen, das Schwung in dieses Reformvorhaben bringt, es für jede/n sichtbar und attraktiv macht, ja ihm/ihr sogar die Möglichkeit der aktiven Mitwirkung in die Hand gibt?

Ein solches neues ordnungspolitisches Modell ist durchaus möglich, ja es ist aufgrund der natürlicherweise entstandenen ›Feed-back‹-Situation (Kapitel 4) und aufgrund der von politischer Seite bereits installierten Steuerungsinstrumente zum Greifen nahe. Deshalb beschreibt das erste Kapitel das neue System als einen wirtschaftlichen Mechanismus, der so elementar und selbstgesteuert sein wird wie die uns allen vertraute Preisfindung durch Angebot und Nachfrage. Dieses Modell lässt sich kurz und übersichtlich darstellen, weil es einfach ist. Diese Vereinfachung ist keine Verkürzung oder gar Beschneidung unserer komplexen, ›unübersichtlichen‹ Welt; vielmehr könnte die neue wirtschaftspolitische Weichenstellung noch weitaus mehr Komplexität, Dezentralität, Kreativität, Eigenständigkeit/Autonomie (und ›Unübersichtlichkeit‹) fördern, hervorbringen, freisetzen, als wir bisher kennen.

›Dynamische‹ bzw. ›selbstgesteuerte‹ ökologisch-soziale Marktwirtschaft wird das hier vorgestellte Modell genannt, um es einerseits in die allgemeine ökosoziale Konzeption einzuordnen, zugleich andererseits von der erwähnten Beschränkung auf Mini-Maßnahmen sowie überhaupt von allen Modellen mit starren Umfinanzierungsbeträgen oder willkürlich festgelegten Grundeinkommens- bzw. Ökosteuerbeträgen abzugrenzen.

Kapitel 1: Die neue Ordnung

Wie die dynamische ökologisch-soziale Marktwirtschaft funktioniert und wie sie zustande kommt

Einleitung: Zwischen allen Stühlen

Das neue Modell selbst könnte einerseits Leser_innen verschiedener politischer Richtungen inspirieren und damit auch zusammenbringen. Andererseits wird es beide großen politischen Lager erst einmal enttäuschen. Denn das Modell beinhaltet weder ›staatliche Maßnahmen‹ zur Rettung der Armen und der bedrohten Umwelt, wie sie eher ›links‹ (›rot‹ oder ›grün‹) geprägte Leser_innen erwarten, noch einen Abbau des Sozialstaats als eines lästigen Hemmnisses guter Geschäfte, wie ihn manche auf (neo)liberal-konservativer Seite wünschen. Natürlich werden staatliche Maßnahmen nicht grundsätzlich abgelehnt; zu ihnen sollte aber erst dann gegriffen werden, wenn die grundsätzlich weitaus wirksameren Rahmenbedingungen spezielle Probleme nicht lösen (können).

Es geht gerade nicht um einen staatlichen ›Eingriff‹ in diese Welt und ihr reiches wirtschaftliches und kulturelles Leben, sondern umgekehrt darum, sie von dauernd stattfindenden Eingriffen zu befreien, damit sich Reichtum und Vielfalt noch mehr steigern lassen. Dabei sind aber die von der ›neoliberalen‹ Propaganda so gerne fokussierten staatlichen Eingriffe das geringere Problem gegenüber den viel massiveren Übergriffen durch Kapital(anleger)interessen und einem Dogmatismus der Gewerkschaftsspitze. Überhaupt sind jedwede Betonkopf-Fraktionen und Erstarrungen die eigentlichen Hemmnisse der ›natürlichen‹ gesellschaftlichen Tendenzen zu Solidarität und Ökologie; sie schränken die ›normal-bürgerliche‹ wie auch die unternehmerische Freiheit ein und beschädigen – global – den ›Wirtschaftsstandort Erde‹.

Ein Schutz vor den Übergriffen durch Kapital(anleger)interessen ist nicht durch ›mehr staatliche Regulierung‹ möglich, sondern nur durch eine Selbststeuerungsdynamik, die sogar das Umgekehrte erlaubt: die von liberaler Seite so erwünschte *Deregulierung*. Denn die Eigendynamik der zu beschreibenden Weichenstellung wird dafür sorgen, dass sich der soziale Schutz des Einzelnen wie auch der ökologische Schutz der Ressourcen ›von selbst‹ zu einem immer höheren Schutzwall auftürmen wird: Das wäre Ordnungspolitik im besten Ludwig-Erhardschen Sinne – aber eben unter den heutigen Anforderungen der dreifachen Nachhaltigkeit:

- ökologisch,
- sozial und
- ökonomisch,

d. h. die neue Ordnung muss eine dreifache Trend-Umkehr sicherstellen:

- langfristige Erhaltung der natürlichen Lebensgrundlagen statt Ressourcen-Raubbau,
- Trend zu gerechterer Verteilung und sozialer Stabilität statt sozialer Schieflage und
- Stabilität für Unternehmen statt Verschärfung der Konkurrenzsituation und des Risikos.

Die üblichen politischen Prägungen bewirken bisweilen jedoch, dass bei bestimmten Stichwörtern sofort die Diskussion erstirbt – bzw. die Bereitschaft, auch nur zuzuhören. Begriffe, die für das eine Lager einen selbstverständlichen Konsens markieren, sind für das andere Lager Reizwörter, z. B. ›Solidarität‹ und ›Kapitalinteressen‹ für die liberal-konservative oder ›Arbeitskosten‹ und ›Deregulierung‹ für die linke Seite.

Sie werden hier alle bewusst benutzt. Wer sich davon nicht beirren lässt, ist eingeladen, sich mit dem neuen Modell ebenfalls zwischen alle Stühle zu setzen – und damit einen Anfang bei der Auflösung der alten Fronten zu setzen.

Das Modell einer dynamischen ökologisch-sozialen Marktwirtschaft

Die Instrumente einer selbstgesteuerten ökologisch-sozialen Marktwirtschaft sind

- **eine Besteuerung der drei Produktionsfaktoren Energie, Kapital, Arbeit durch Ökosteuern, Sachkapitalsteuer und Lohnsummensteuer,**
- **ein daraus finanziertes steigerbares Grundeinkommen für jede(n) in gleicher Höhe.**

Beides kann auf kleinem Niveau starten; innerhalb kurzer Zeit wird sich dies zum politischen Prinzip entwickeln, zu einem Instrumentarium, mit dem sich eine wirklich freie Marktwirtschaft zum Nutzen aller Beteiligten herbeiführen und austarieren lässt:

- mit Vollbeschäftigung,
- unter Schonung der Ressourcen,
- bei zurückgehender Verschmutzung, Zerstörung und Klimaerwärmung
- samt einem Aufblühen verarmter Weltregionen in Afrika, Südamerika, Mittelasien.

Die Instrumente dafür existieren zum Teil bereits: die Ökosteuern in der Realität, das Grundeinkommen hat immerhin schon in einer breiten öffentlichen Diskussion und in programmatischen Entwürfen mehrerer Parteien konkrete Formen angenommen.

Die Ökosteuern, die schon 1999 von der damals neuen ›rot-grünen‹ Bundesregierung beschlossen wurden, waren von Anfang an völlig richtig als eine Einkommensquelle konzipiert, die nicht auf Arbeitskosten beruht: Sie finanzieren einen Teil der Rentenbeiträge.

Das Problem ist nur: Dieser Beitrag zum Einkommen ist so indirekt, dass ihn die Arbeitnehmer_innen überhaupt nicht wahrnehmen. Weil nur den wenigsten bewusst ist, dass die Ökosteuern mit zu ihrem Einkommen beitragen, sind sie bzw. ist das ganze ›ökosoziale‹ Thema – wie mancher der auf dem o.g. ›Forum‹ vertretenen Autoren beklagt – so unpopulär.

Würde hingegen das durch die heutigen Ökosteuern Eingenommene (ca. 20 Mrd. Euro pro Jahr) nicht in die Rentenkasse fließen, sondern auf alle bar ausgeschüttet werden, hätte jede(r) direkt und spürbar ein jährliches Zusatzeinkommen von ca. 250 Euro – und würde fragen: ›Warum nicht mehr davon?‹ Damit käme sofort eine neue wirtschaftspolitische Dynamik in Gang. Es gäbe auf einmal ein neues Instrument, um das persönliche Einkommen zu steigern. Dieses neue Instrument, diese neue Dynamik könnte die bisherige Tarifdynamik ersetzen.

Ein bedarfsunabhängiges Grundeinkommen für alle in gleicher Höhe wurde in den vergangenen Jahren ebenfalls sehr intensiv diskutiert, v.a. auch dank der medienwirksamen Beiträge von Götz Werner, dessen spezielle Konzeption allerdings sehr an der Finanzierung krankt. In den aktuellen Programmen einiger im Bundestag vertretenen Parteien findet sich die Forderung nach Grundeinkommen – ebenso wie die nach Ökosteuern und einer Kapitalbesteuerung[16]. Nur: Beides zu verbinden und damit ebenso die Frage nach der Finanzierung des Grundeinkommens zu beantworten, das war bisher selten in der öffentlichen Diskussion[17]. Überhaupt nicht in Erwägung gezogen wurde, Grundeinkommen und Ökosteuern mit einer Dynamik, d.h. mit der Möglichkeit einer Entwicklung nach oben, auszustatten und damit die Frage nach der Höhe des Grundeinkommens und der Ökosteuern nicht irgendwelchen Expertengremien anzuvertrauen, sondern durch die Bevölkerung als ganze, durch die politische Meinungsbildung und die Antagonismen einer mündigen, pluralistischen Gesellschaft, d.h. durch das Ringen einander gegenüberstehender Interessensgruppen um politische Fragen, beantworten zu lassen.

---

16 Bei den Grünen schon seit ›Urzeiten‹, bei der SPD seit 1998 (mit Vorlauf in der Brandt-Regierung), bei PDS/Linke seit 2003. Darüber hinaus finden sich seit den 1980er Jahren etliche Anhänger Binswangers auch in Union und FDP, ebenso wie seit neuestem Konzeptionen für ein Grundeinkommen.

17 Z.B. der heute von den Grünen vertretene ›Öko-Bonus‹; vgl. auch die 1998 im Kanton Basel-Stadt eingeführte ›Lenkungsabgabe‹, einen minimalen Auf-schlag auf den Strompreis. Er fließt in einen Fonds, der unter den Kunden aufgeteilt wird; so fließen derzeit jährlich ca. 62 Franken an jeden Kunden zurück. Vgl.: https://www.aue.bs.ch/energie/stromspar fonds.html (Zugriff: 2.11.2019).

Funktionsweise und Auswirkungen im Einzelnen

Wie das Ganze funktioniert, wird vielleicht am besten sichtbar, wenn wir verschiedene Detailfragen nacheinander durchgehen.

Ökologie: Durch steigende Ökosteuern wird umweltschädliches Verhalten, d.h. Ressourcenverschwendung und damit auch Müll und Giftausstoß immer mehr ›bestraft‹, umweltgerechtes Verhalten dagegen immer vorteilhafter. Ein bisschen davon erleben wir ja schon heute.

Zusätzlich belohnt wird ein *nachhaltiger Lebensstil* durch das steigende Grundeinkommen. Dieses wird, je mehr es steigt, umso mehr zu einem differenzierten

Energiesparlohn: Das Grundeinkommen wird zwar in gleicher Höhe für alle ausbezahlt, doch da jeder Schritt einer Grundeinkommenserhöhung durch eine entsprechende (Öko-)Steuererhöhung zu finanzieren ist, wird z.B. eine in einer Durchschnittswohnung lebende, den öffentlichen Verkehr nutzende mehrköpfige Familie (jedes Kind bekommt sein Grundeinkommen!) tatsächlich einen Gewinnzuwachs haben, während dem kinderlosen Vielflieger und Luxusvilla-Beheizer das Geld, das auch er durch das erhöhte Grundeinkommen zunächst einnimmt, mehrfach wieder aus der Tasche gezogen wird. Die – ich nehme mal die Zukunft in meiner Phantasie vorweg – wahlentscheidende ›Ökolohnrunde‹ und die in den Medien x-fach vermittelte Frage ›Wie mache ich das meiste aus meinem Grundeinkommen?‹ strahlt mehr Faszination aus als die mit Macht ausgekämpfte Tarifpolitik, die Arbeitsplätze gefährdet.

Sozialpolitik: Je mehr das Grundeinkommen auf die Höhe des Existenzminimums klettert, desto mehr andere soziale Sicherungen, v.a. Sozialhilfe (›Hartz IV‹), kann es ersetzen. Durch den Wegfall des Kontrollaufwands wird das ganze Sozialsystem vereinfacht und verbilligt, wobei das Eingesparte mithilfe des Grundeinkommens ausgeschüttet werden kann.

Das Grundeinkommen ist eine Überlebenshilfe bei Arbeitslosigkeit, langer Krankheit, zu kleiner Rente. Familien werden ebenso unterstützt wie Alleinerziehende: Jede Mutter, jeder Vater, jedes Baby bekommt sein Grundeinkommen. Erleichtert werden Aus- und Weiterbildung, der

Schritt in die berufliche Selbstständigkeit und ehrenamtliches Engagement. Die bisherigen komplizierten Formen der Familien- und Ausbildungsförderung werden allmählich überflüssig.

Gegen eine ›*bedarfsabhängige* Grundsicherung‹, wie sie sich in manchen Parteiprogrammen findet, spricht u.a. der immense Kontrollaufwand. Die genannte Vereinfachung und Verbilligung der Sozialverwaltung unterbliebe.

Es ist wesentlich billiger und für die Armen hilfreicher, auch den wenigen Millionären Grundeinkommen zu überweisen, als die Bedürftigkeit aller Bedürftigen zu überprüfen und über Bemessungsgrenzen zu streiten.

Standortvorteil und internationale Wende: Wenn durch ein allmählich steigendes Grundeinkommen Tarifsteigerungen überflüssig werden, kommt es zu niedrigen oder stabilen Arbeitskosten; diese sind DER Standortvorteil für jedes Land, das diese Reform durchführt. Dieser Traum der Unternehmer wird dank dem zweiten Einkommens-Standbein Grundeinkommen nicht zum Alptraum der Arbeitnehmer. Niedrige Arbeitskosten (trotz steigender Netto-Einkommen) bringen andere Länder über den internationalen Wettbewerb in Zugzwang, ähnliche Reformen durchzuführen. Die Abhängigkeit von Investoren nimmt ab, denn einerseits sinkt der Investitionsbedarf rapide. Andererseits ist eine aufgrund der Arbeitskostenstagnation stabile Firmenlandschaft so attraktiv, dass Investoren sich darum reißen werden, ihr Geld in diesem sicheren Hafen unterbringen zu dürfen.

Mehr Einkommen durch sinkende Zinsen/Lebenshaltungskosten: Ohne fortschreitende Tariflohnerhöhung vermindert sich für die Unternehmen der Zwang, zu investieren und die Produktivität zu steigern. Damit sinkt auf dem Kapitalmarkt die Nachfrage nach Geld, und die Zinsen fallen. Dies führt zu einer Minderung der Lebenshaltungskosten, vor allem der Mieten, was so gut ist wie eine Steigerung der Realeinkommen; diese neuen Spielräume können aber nicht mehr beliebig für umweltgefährdende Produkte/Lebensstile ausgegeben werden. Es entsteht eine Super-Wohlstandsgesellschaft, aber ökologisch ungefährlich.

Vorteil für die Armen: Endlich gibt es eine Rendite-für-alle, eine Beteiligung der Menschen an den Gewinnen durch die heutigen Produktionsmittel, für deren Aufbau und Finanzierung die Mehrheit bisher ›den Gürtel enger schnallen‹ musste. Endlich wird dieser in der Vergangenheit geleistete Verzicht durch eine steigende Renditebeteiligung aller am Geschaffenen und Aufgebauten belohnt (näheres siehe unten in Kapitel 4 über die Geschichte).

Die Steuer auf Anlagevermögen bzw. Sachkapital, d.h. Grundbesitz, Immobilien, Maschinen erfasst alle anderen Kapitalgewinne (Sparzinsen, Aktiendividenden, Spekulationsgewinne usw.) einfach und gerecht an der Quelle; komplizierte, schwer zu kontrollierende Besteuerungsprojekte werden überflüssig, wahrscheinlich auch die von der internationalen Organisation Attac so sehr favorisierte Spekulationsgewinnsteuer (Tobin-Tax). Die grundsätzliche Idee der Ökosteuern, nur die Quelle (z.B. Erdöl) zu besteuern und damit die letzte Plastikflasche zu verteuern, sodass sie gar nicht erst im Müll landet, ist hier auf das Gebiet des Kapitals übertragen. – Das Grundeinkommen verteilt diese Einnahmen-aus-Reichtum an alle.

Vorteil für die Reichen: Besitzstände und Vermögen bleiben bei dieser friedlichen Wende unberührt; nur das Privileg risikoloser Kapitalgewinne wird gemindert. Wer als Anleger weiterhin nennenswerte Renditen erzielen will, muss in die ›Dritte Welt‹ oder in Zukunftstechnologien investieren, d.h. mehr Risiko in Kauf nehmen. Wer sein Geld im sicheren Hafen hält, bekommt dafür nurmehr extrem niedrige Zinsen (im Promillebereich).

Das viel höhere Risiko einer gewaltsamen Revolution samt Enteignungen gehen wir hingegen dann ein, wenn wir versuchen sollten, die Systemkrise ›auszusitzen‹, d.h. nichts an der bisherigen Ordnungspolitik ändern. Wenn deshalb jene Modelle, die gescheitert sind, etwa der Marxismus in seiner bisher ausgeprägten Form, wieder interessant und zu einer Hoffnung werden, könnten sich neue Mehrheiten bilden, die den (längst auch in SPD, Grünen und Linken teils hoch angesehenen) Ordoliberalismus abschaffen. Robert Habecks Drohung mit Enteignung als Reaktion auf Mietsteigerungen vom 7.4.2019 sowie ähnliche Töne aus der SPD, z. B. Juso-Chef Kevin Kühnerts aufsehenerregende Rede am 1. Mai 2019, offenbaren auch auf linker Seite Populismus, der mehrheitsfähig werden könnte (statt endlich die ökosoziale Programmatik aller drei linken Parteien umzusetzen).

Marx hatte richtig erkannt, dass die Entfremdung durch Macht und Besitz gegenüber einer friedlichen, partnerschaftlichen, matriarchalen ›Urgesellschaft‹ sekundär ist und langfristig wieder verschwinden müsse. Seine grundsätzlich richtige Idee eines ›Gemeineigentums an Produktionsmitteln‹ lässt sich aber nicht auf die bekannte Weise der Verstaatlichung von Unternehmen verwirklichen, auch nicht in einem ›demokratischen Sozialismus‹. Auch im urdemokratischen Frankreich etwa sind die ›volkseigenen‹ Konzerne der Mitgestaltung durch die einzelnen Bürger vollkommen entzogen, und niemand weiß, wie es anders gehen sollte/könnte; Großunternehmen können nur durch fachkundiges Management geleitet werden, aus dem sich auch der demokratischste Staat als Eigentümer tunlichst heraushalten sollte. – Die Probleme der französischen Autobauer werden ja auch darauf zurückgeführt, dass der Staat eben doch nicht ganz abstinent blieb.

Nur eine reformierte Marktwirtschaft mit einer Bevorzugung, d.h. finanziellen *Prämierung* des Kleinen und Dezentralen wird allmählich, über eine kontinuierliche Entwicklung (nicht durch gewaltsame Revolution) zu einer breiten Verteilung des Besitzes, auch der Produktionsmittel, führen.

Arbeitsmarkt: Die Sachkapitalsteuer verhindert, dass sinkende Zinsen zum weiteren Ersetzen von Arbeitsplätzen durch Maschinen genutzt werden. Anders als heute werden die Unternehmen mit dem Notwendigsten auszukommen versuchen und tendenziell lieber mehr Leute ein- als mehr Maschinen aufstellen. Überflüssiges (Sach-)Kapital wird abgestoßen, um Steuern zu sparen.

Eine leicht **deflationäre Tendenz** aufgrund des Kapitalabstoßes und der sinkenden Lebenshaltungskosten wird zur Einkommenssicherheit und Besitzstandswahrung der ›kleinen Leute‹ sowie zum Aufbau in der ›Dritten Welt‹ beitragen, während die heutige Dauerinflation die Kleinsparer enteignet, die Tarifpolitik sowohl antreibt als auch ihr Ergebnis zunichtemacht und den armen Ländern Kapital und Ressourcen entzieht.

Vorteil für das Kleine und Regionale: Die Sachkapitalsteuer könnte progressiv gestaffelt werden, und zwar so, dass kleinere Einheiten (Bauernhof, Handwerksbetrieb, Besitz *eines* Hauses usw.) von der Steuer befreit sind; das wäre schon wegen des damit verringerten Kontroll- und Regulierungsaufwands erstrebenswert. Wenn größere Einheiten in immer höhere Steuerklassen kämen, gäbe es auf der einen Seite eine ›Größenbegrenzungssteuer‹ (nach Peter Kafka), und auf der anderen Seite würden Selbstständigkeit, Unternehmensgründung und regionale, dezentrale Strukturen gefördert.

Entwicklungspolitik: Wenn durch die ökosoziale Marktwirtschaft der Investitionsbedarf in den Industriestaaten sinkt, werden Kapital und Ressourcen frei zum Aufbau menschenwürdiger Lebensbedingungen in den Entwicklungsländern.

Vorteil für neue Branchen: Umwelttechnik, Recycling-, Licht-, Laser- und Solartechnik, eine Elektronik und Digitalisierung, die mehr zur Einsparung von Ressourcen als von Arbeitsplätzen entwickelt und angewandt wird, eine Biotechnologie, die mehr zur Senkung medizinischer und pharmazeutischer Kosten, zur Einsparung von Dünger und Pflanzenschutzmitteln als zum Food-Design und zum Round-up (Kahlschlag-Landwirtschaft) genutzt wird, ein medizinisch-therapeutischer Neuaufbruch ohne die starren Grenzen der heutigen Kostenträger, ein religiös-spiritueller Neuaufbruch ohne die Abgrenzungen und Absolutheitsansprüche heutiger Kirchen – all das sind Branchen, die in den Startlöchern liegen und nur aufgrund der Übermacht des Alten und Erstarrten nicht vorankommen (ausführlich dazu unten Kapitel 5 über die Konjunkturwellen).

Besteuerung der Arbeit? Zunächst einmal, im Übergang von der bisherigen sozialen Marktwirtschaft zur selbstgesteuerten ökologisch-sozialen Marktwirtschaft steht eine Entlastung der Arbeitskosten und eine Erhöhung der Kosten der beiden mit der Arbeit konkurrierenden Produktionsfaktoren Kapital und Energie im Vordergrund. Dies wird die eigentlich ›revolutionierende‹, umwälzende Hebelwirkung gegenüber dem erstarrten *ancien régime* sein: Der Aussicht auf ein höheres Einkommen bei gleichzeitig stagnierenden Arbeitskosten wird sich niemand, kein/e Politiker/in und keine Partei entgegenzustellen wagen. So könnte es also vom Ziel der Umfinanzierung und Umsteuerung aus zunächst einmal sehr fragwürdig erscheinen, die Arbeit immer noch mit einer Steuer verteuern zu wollen.

Doch langfristig ist es erforderlich, auch den Faktor Arbeit mit Steuern zu belegen, damit es für jeden der drei Wirtschaftsfaktoren einen Hebel gibt, mit dem man fördern oder bremsen kann. Es kann ja auch einmal umgekehrt kommen: Eine unstillbare Übernachfrage nach Arbeit und eine durch rasche Kapitalabstoßung verursachte zu starke Deflation könnten ebenfalls zum Wirtschaftshemmnis werden.

Auch hier, bei der Arbeitsbesteuerung, gilt es aber, von der aufwendig zu kontrollierenden Lohn- und Einkommensteuer samt weiteren Abgaben wegzukommen und auf die Arbeit ebenfalls eine solche Steuer zu erheben, die nur die *Nutzung der Ressource ›Arbeit‹* belastet, nicht das Endergebnis, den Gewinn, den jemand aufgrund seiner Arbeit macht, wie dies mit den jetzigen Lohn- und Einkommensteuern geschieht. Die Alternative könnte in einer *Lohnsummensteuer* bestehen, die in jedem Betrieb erhoben wird. Auch dies ist wieder denkbar einfach, da ein Unternehmen die ausbezahlten Löhne ohnehin in der Bilanz ausweisen muss. – Wer nur sich selbst ›beschäftigt‹, wäre steuerfrei.

Abrundung zu einem konsequenten Steuer und Steuerungssystem: Die drei Faktorsteuern sind ›Input‹-Steuern. Damit entfallen alle aufwändig zu kontrollierenden Steuern, Abgaben und Gebühren auf ›Output‹ (Dosenpfand, CO2-Steuer, Müllgebühren und LKW-Maut, aber auch Umsatz-, Gewinn-, Zinsertrags-, Lohn- und Einkommensteuer). Besteuert wird die Quelle des Gewinns, nicht das Ergebnis, die Quelle des Materials, nicht dessen erst noch zu messender Verbrauch und nicht dessen problematische Hinterlassenschaften.

Mit den drei ›Pedalen‹ an den drei Wirtschaftsfaktoren wird das Regieren eine rein technische Angelegenheit sein mit dem Ziel, das Beste herauszuholen – *für alle, nicht nur für Anleger*. Weitere flankierende Input-Steuern mit dem Ziel, destruktiven Wettbewerb zu verhindern, sind nicht ausgeschlossen, so z.B. eine ›Werbungssteuer‹. (vgl. auch Peter Kafka.)

Bei Diskussionen über die schädliche Wirkung der stetigen Arbeitskostenerhöhung wird bisweilen eingewandt, die Lohnstückkosten seien in Deutschland besonders niedrig. Darauf ist zu erwidern: Die Lohnstückkosten, d.h. die durch Löhne und Gehälter bzw. durch den Faktor Arbeit bedingten Kosten pro produzierter Einheit sind nur deshalb so niedrig, weil mit einem hohen Kapital- und Energieaufwand produziert wird. Die Lohnstückkosten sind nur der Umkehrwert der Produktivität. Niedrige Lohnstückkosten bzw. überhaupt die Konkurrenzfähigkeit bzw. der genügend niedrige Preis des bei uns Produzierten (sozusagen der Grenzwert, der bei uns trotz hoher Arbeitskosten überhaupt noch Produktion zulässt) sind durch Rationalisierung und Entlassungen erkauft. Der Hinweis auf die niedrigen Lohnstückkosten fokussiert nichts anderes als die unten geschilderte Tendenz zum abnehmenden Arbeitskostenanteil und zum steigenden Kapitalanteil in den Produkten – mit den fatalen Auswirkungen auf die Finanzmärkte und die Umverteilung von den Armen zu den Reichen.

Chancen im Übergang – Konkurrenzfähigkeit in Europa und weltweit

Aus folgenden Gründen ist die selbstgesteuerte ökologisch-soziale Marktwirtschaft nicht etwa ein hochgehängtes utopisches Ziel, das erst erkämpft werden müsste, sondern etwas, das sich, sobald es erst einmal ins Blickfeld der Öffentlichkeit gerät, von selbst durchsetzt – und zwar nicht nur national, sondern auch international:

1. Kontinuierlicher Ordnungsübergang: Die dynamische ökologisch-soziale Marktwirtschaft kann mühelos und bruchlos aus dem bisherigen System heraus gestartet werden: Nach einem Einstieg in ein kleines Grundeinkommen, finanziert durch niedrige Öko- und Kapitalsteuern, wird beides wachsen und sowohl die bisherigen Subventionen als auch die bisherigen Steuern allmählich zum Schmelzen bringen, bis eines Tages das Neue das Alte vollständig abgelöst hat.

2. Gigantische Einsparungen: Die selbstgesteuerte ökologisch-soziale Marktwirtschaft ist nicht trotz, sondern wegen ökologischen und sozialen Fortschritten ökonomisch attraktiver als das jetzige System. – Das ist etwas völlig Ungewohntes für uns; genau darin aber zeigt sich eine Überlegenheit des Neuen bzw. die Schwäche des Bisherigen:

Der heutige Steuerungsaufwand ist größtenteils ein ›Fehlsteuerungsaufwand‹, d.h. die sinnvollen, das Ganze befördernden steuernden Leistungen des Staates (Regierung, Sicherheit, Kindergärten, Kultursubvention usw.) und *unumgänglichen* Investitionen der Industrie machen nur den geringeren Teil aus; der größere Teil des vom Leben abgezweigten Aufwands wäre eigentlich vermeidbar, ist sinnlos und nicht weiterführend; er ist lediglich Tribut an die Nutznießer der falschen Weichenstellungen von heute, und er ist hausgemacht, selbstverschuldet, weil wir immer noch jene verfehlte, völlig veraltete Weichenstellung dulden.

Die dynamische ökologisch-soziale Marktwirtschaft beendet diese Verheerungen, verringert den enormen (Fehl) Steuerungsaufwand, was zu Einsparungen allein in unserem Land von schätzungsweise jährlich dreihundert Milliarden Euro führt. Damit fällt der ganze heutige Gegensatz von Ökonomie und Ökologie/Sozialpolitik weg.

3. Internationale Durchsetzungsfähigkeit: Weil bisher die Weichen auf Wachstumszwang und damit gegen eigentliche Ökologie gestellt sind, sind internationale Übereinkünfte zum Umwelt-, Arten- und Klimaschutz immer nur sehr mühsam auszuhandeln. Ein einziges Land, das wegen ökonomischer Vorteile ausbricht (z.B. USA bei der CO_2-Minderung, Japan beim Walfangverbot), kann die anderen zu einem geringeren Niveau zwingen. Deshalb fallen auch bei hochrangig besetzten (UN-)Umweltgipfeln und Klimakonferenzen die Ergebnisse meist enttäuschend aus. Dasselbe gilt für internationale Sozialstandards. Solange die Weichen so wie jetzt gestellt sind, kann der ›Fortschritt‹ nur ›eine Schnecke‹ sein (Günter Grass; Willy Brandt).

Genau dieses Prinzip, das so viele Engagierte besorgt macht und vor dem ›Terror der Ökonomie‹ resignieren lässt, ist aber in Wirklichkeit die Achillesferse, an dem sich das Bisherige überwinden lässt; denn in der dynamischen ökologisch-sozialen Marktwirtschaft herrscht genau die umgekehrte Grundtendenz: Sie ist *wegen* der Lösung des sozialen und ökologischen Problems ökonomisch attraktiver als das Bisherige – wie im vorausgehenden Abschnitt dargestellt wurde. Damit ist ihr Kommen unaufhaltsam.

4. Daraus ergeben sich folgende mögliche, gestaffelt vorgestellte und **konkrete Übergangsszenarien**:

a. Angenommen, ein einziges Land, und sei es auch klein (z.B. Norwegen oder die Schweiz, die nicht zur EU gehören), würde *die neuen Regeln im Alleingang einführen*: Sofort wären aufgrund des wirtschaftlichen Standortvorteils alle anderen in Zugzwang.

b. Vermutlich muss es gar nicht erst zu einem langwierigen Alleingang kommen; wahrscheinlich wird schon allein der *Beschluss* eines Landes, ein kapital- und ökosteuerfinanziertes dynamisches Grundeinkommen einzuführen, die Dominosteinchen ins Kippen bringen.

c. Vermutlich ist nicht einmal das erforderlich, vielleicht könnte bereits eine ernsthafte *Debatte* über diese Zukunftsperspektive den Domino-Prozess auslösen und u.a. das EU-Parlament zu drastischen Beschlüssen bringen.

d. Wer weiß, wie sehr sich die Initialzündung noch minimalisieren bzw. in den politischen Diskurs vorverlegen lässt. Es käme auf den Versuch an – wenn wir unsere Phantasie spielen lassen, wenn wir *es* uns nur zutrauen, wenn wir uns nicht durch blödsinnige Einwürfe (›das geht doch nicht‹ oder ›bis die EU mal soweit ist‹ usw.) blockieren lassen.

5. Der nächstmögliche konkrete Schritt: Das heutige, erfolgreich laufende ökosoziale Modell beinhaltet Ökosteuern und Rentenzuschuss; was fehlt, sind Grundeinkommen (›Ökobonus‹) und Kapitalsteuer. Praktischerweise könnte man beide neuen Elemente miteinander einführen, etwa indem man die Steuer auf Investivkapital noch einmal im Gesamtvolumen der jetzigen Ökosteuern erhebt. Man hätte dann im Topf das doppelte Volumen der heutigen Umfinanzierung und damit zusätzlich zum Rentenzuschuss noch einmal denselben Spielraum für ein Grundeinkommen in Höhe der erwähnten ca. 250 Euro jährlich.

Kapitel 2: Der eingespielte tödliche Scheren-Mechanismus

Wie ein Bündnis aus Kapitalanlegern und Gewerkschaftsspitzen unsere Welt bedrängt

Einleitung: kurzer Blick auf die Geschichte

Wenn die ökologisch-soziale Marktwirtschaft so einfach funktioniert und der Übergang in jene neue Ordnung so nahe liegt, warum haben wir sie dann nicht schon längst?

Die eine Ursache sind die Machterhaltungsinteressen der Mächtigen. Die andere: die Fortdauer der schon erwähnten Denk- und Verhaltensmuster. Letztere sind durch historische Prozesse bedingt: Eine schon in vorgeschichtlicher Zeit, am Ende der Jungsteinzeit, im 4. Jahrtausend v. Chr. eingetretene Situation der Dauerengpässe und Dauerkonflikte sollte überwunden werden. In all den Jahrhunderten seither war ein Wachstums- und Aufbauprozess nötig mit dem Ziel, den im 4. Jahrtausend eingetretenen Mangel an Lebensgrundlagen kurz, mittel und langfristig zu überwinden. Was wir ›Religion‹ nennen, jedenfalls all das, was wir an ›Hoch‹ oder ›Weltreligionen‹ kennen, verfolgt das Ziel, die Menschen zu Verzicht und Unterordnung zu motivieren, die für diesen Wachstumsprozess erforderlich sind bzw. waren. Und täuschen Sie sich nicht: Auch wenn Sie meinen, nicht ›gläubig‹ zu sein: Max Weber wies schon vor hundert Jahren nach, dass die Prägungen unbewusst auch in der x-ten ›säkularisierten‹ Generation anhalten; nachfolgende Studien zeigten das immer wieder neu. Gegen diese ›Unbewusstheit‹ ist ›Aufklärung‹ zu setzen.

Näher und ausführlicher werden wir uns in Kapitel 4 mit der Frage befassen, was denn von den alten Traditionen noch bleibt, nachdem die Industrialisierung des letzten Vierteljahrtausends diesen Aufbau ungemein beschleunigt, zu großen Erfolgen geführt und die Tugenden Verzicht und Unterordnung wieder überflüssig gemacht hat (›Wertewandel‹).

> Im Gegensatz zu den fünf wichtigsten Weltreligionen Judentum, Christentum, Islam, Hinduismus und Buddhismus kennen übrigens ›Ur-Religionen‹, wie sie noch heute von ›Naturvölkern‹ gepflegt werden, die Themen Verzicht, Unterordnung und ›Angst‹ vor einer ›Hierarchie‹ überhaupt nicht; ein Grund, warum z.B. Indianerkinder im ›westlichen‹ Schulsystem so oft ›scheitern‹, obwohl sie genauso intelligent und begabt sind wie weiße und schwarze Amerikanerkinder.

Macht hatte – und hat z.T. noch – eine förderliche Funktion, hat diese aber heute auch verloren bzw. verliert sie immer mehr. Deshalb ist es keine Verschwörungstheorie, sondern nur die Beschreibung eines Anachronismus, wenn hier eine Blockade des nunmehr erforderlichen ökosozialen Wandels durch diejenigen unterstellt wird, die von der bisherigen Weichenstellung gut leben. Zumal hier in diesem Kapitel sehr genau beschrieben und transparent gemacht werden soll, wer konkret warum und mit welchen Mitteln welche Ziele verfolgt.

Aber bleiben wir – ohne zu viel vorwegzunehmen – kurz noch bei der Antwort der menschlichen Zivilisation auf die spätjungsteinzeitlichen Engpässe und Konflikte: Es sind die spätestens ab ca. 3.000 v. Chr. an Nil, Euphrat, Tigris und anderswo sich bildenden ›Großreiche‹.

Sklaverei damals und heute

Die Sklavenheere der alten Großreiche, die in Babylonien und Ägypten Dämme und Kanäle, Tempeltürme und Pyramiden bauten, sind das **Urbild der Investition**: ein Aufbau von Produktionsmitteln und Infrastruktur im großen Stil, der in dieser Form nur erzwungen werden kann.

Der Blick auf die Anfänge unserer modernen Zivilisationen hat einen pädagogischen Wert: An Sklaverei und Frondiensten wird anschaulich, was ›Investition‹ bzw. ›Wachstum‹ eigentlich ist, wie sie funktionieren, welche Ziele damit erreicht werden sollen und zu welchen Folgen sie führen. Die Veranschaulichung durch den Blick auf die Ursprünge kann uns helfen, aus unserer eigenen Unbewusstheit und Betriebsblindheit herauszufinden.

Neben dem Zwang zur Arbeit-für-das-Ganze, zum Frondienst, zum Tribut muss es, wie schon erwähnt, eine Ideologie geben, und sie muss durch Erziehung so tief eingeprägt sein, dass eine breite Mehrheit zu jener Mehrleistung und Hingabe ›freiwillig‹ bereit ist. Für freiwillige wie für unfreiwillige Aufbauleistungen gilt gleichermaßen:

Investitionen – ob in der Industrie oder durch den Staat – nehmen den Lebenden auch immer irgendetwas weg: Geld oder Brot, Zeit, Freiheit, Lebensentfaltungsmöglichkeiten. Egal ob durch staatliche Besteuerung oder durch in den Preisen enthaltene Investitionskosten: Schon immer galt (was z.B. die Keynessche Volkswirtschaftstheorie betont): **Was investiert werden muss, kann nicht konsumiert werden.**

Nicht nur jeder Euro kann nur einmal ausgegeben werden, sondern lange bevor es Geld gab, konnte auch jede Frucht, die geerntet, jeder Rohstoff, der gewonnen wurde, jeder Handstreich, den eine/r tat, nur entweder seinen eigenen Interessen oder der Gemeinschaft, entweder einem kurzfristigen, sofortigen oder einem langfristigen, zukünftigen Nutzen gewidmet werden. Das ist die große Klammer, die jene (scheinbar) alten Zeiten mit unserer Gegenwart zusammenhält.

Dämme und Kanäle in den beiden bekanntesten vorderorientalischen Hochkulturen Mesopotamien und Ägypten dienten sowohl der Bewässerung als auch dem Schutz vor zu viel Wasser. Sie hatten einen langfristigen Nutzen, sie führten zu mehr Bodenfruchtbarkeit und Wohlstand bzw. dazu, dass weitaus mehr Menschen ernährt werden konnten als ohne solche Maßnahmen. Doch am Anfang, vor späteren Ernte-Erfolgen, mussten dafür Tausende mühsam graben, hacken, Steine brechen[18]. Am Anfang standen harte Arbeit und der Verzicht auf kurzfristigen Nutzen.

---

18 Ein Überbleibsel dieser mühsamen Hauptarbeitsform – sei es nun für Berg- oder Bauwerke – ist die weite Verbreitung entsprechender Familiennamen:

Seit Jahrtausenden ist es derselbe Interessenkonflikt. Je mehr das Gewicht in Richtung Langfristigkeit, Nutzen für die Gemeinschaft, Zukunftsinvestition geschoben wird, desto mehr Zwang oder/und Propaganda/Ideologie braucht es, um den nötigen Konsumverzicht durchzusetzen.

Was zwingt uns heute zum Verzicht?

Was sind die ›Fesseln‹ und ›Peitschen‹, mit denen heutige Arbeitnehmerinnen und Arbeitnehmer (wie die antiken Sklaven) dazu gezwungen werden, sich in ihrem Konsumverhalten, ihrer Zeiteinteilung, ihrer Lohn-Genügsamkeit, ihrer Hingabe und Ausgabebereitschaft so zu verhalten, dass genug für ›Investitionen‹ abspringt? – Dazu noch eine weitere Frage: Warum besteht dieser Zwang zum persönlichen Verzicht zwecks Aufstockung von Produktionsmitteln, d.h. ›Kapitalstock-Wachstum‹, heute noch, da wir doch augenscheinlich alles haben?

Irgendetwas vernichtet Ausrüstung und Anlagen: Sachwerte in Höhe von jährlich schätzungsweise dreihundert Milliarden Euro allein in Deutschland. Schäden in derartiger Höhe sind wir sonst nur von Wirbelstürmen mit Überschwemmungen, von Erdbeben oder kriegsbedingten Bombenteppichen gewöhnt. Solche außerordentlichen Katastrophen mögen aber veranschaulichen, in welche Dimensionen der volkswirtschaftliche Schaden geht, der uns zugemutet wird. – Durch etwas, das uns bekannt, geläufig, ja notwendig vorkommt: Was gestern noch als neueste Technik teuer eingekauft wurde, ist morgen für die Produktion schon wieder unrentabel. Unternehmen, die bei Investitionen/Automatisierung nicht Schritt halten, werden vom Markt gefegt. Hier ist ein Perspektiv-Wechsel nötig. Hier gilt es, beim Blick auf dieses Geschehen wie bei einem Vexierbild plötzlich zu merken: Hoppla! Man kann es auch anders herum sehen. Das, was da zu jenem immensen Investitionsbedarf führt, ist ein gigantischer, katastrophaler Entwertungs-Prozess.

Grab(n)er, Gruber, Hacker, Kratzer, Klopfer, Pocher, Bochmann, Scharrer, Schaufler etc.

Warum findet also der Wettbewerb ausgerechnet um die Automatisierung, um die Rationalisierung, um das Einsparen von Arbeitsplätzen statt und entscheidet sich nicht an einem anderen Punkt? Warum etwa macht nicht Umweltfreundlichkeit Produkte billiger? Warum verschafft nicht eine effiziente Energienutzung den Herstellern Marktvorteile?

> Nur um klarzustellen: Wettbewerb, Konkurrenz und Wettläufe um die Weiterentwicklung werden nicht grundsätzlich in Frage gestellt (wie das uns mit dem Etikett ›Globalisierungskritiker‹ Versehenen unterstellt wird), sondern – mit dem originalen Karl Marx – als Instrumente des Fortschritts und Wohlstands begrüßt. Es geht ausschließlich um die Frage nach dem *Kriterium* der Konkurrenz, darum, was die Konkurrenz *entscheidet*. Diese Frage ist ordnungspolitisch ebenso legitim wie die Suche nach der *Ordnung*, die eben den aktuellen Erfordernissen *angemessen* ist.

Wollen wir wirklich weiterhin *diese*, d.h. die auf Automatisierung und Arbeitsplatzeinsparung *fixierte* Konkurrenzsituation? – Um dann anschließend auch noch zu klagen: ›Uns geht die Arbeit aus‹? Ist die rasante Entwertung der letzten und vorletzten Maschinengeneration (im Büro genauso wie in der Fertigung) tatsächlich unvermeidbar? Warum blicken wir starr wie das Kaninchen vor der Schlange auf den ›unbarmherzigen Wettbewerb‹ und nehmen diesen einseitig profitorientierten Prozess noch nicht einmal als eine Vernichtung gigantischer Werte in Hurrikan-, Flut-, Erdbeben- und sogar Bombenteppich-Dimensionen wahr? So wenig wie wir sehen, dass dieser unproduktive Magnetismus, der die Investitionen in den Industriestaaten festklammert, die ›Dritte Welt‹ dauerhaft abgehängt sein lässt und dort real zu Tod und Zerstörung führt. Haben wir uns so sehr daran gewöhnt?

> Warum mussten Angestellte Angst um ihre Arbeitsplätze haben, als in die Bankfilialen Bankomaten und Auszugsdrucker eingebaut wurden? Warum konnten sie sich nicht freuen und sagen: *Unsere Arbeitszeit verkürzt sich zwar, aber unser Geld haben wir weiterhin. Die Maschinen nehmen uns lästige Arbeit ab und* verdienen FÜR UNS *das, was WIR bisher*

für das Abzählen von Scheinen und Ausgeben von Auszügen bekamen. In der freiwerdenden Zeit können wir entweder weitere Aufgaben/Stunden/Jobs übernehmen und mehr verdienen als bisher. Oder das Einkommen bleibt gleich, und wir können uns häufiger um unsere Kinder kümmern, Freunde besuchen, singen, Fußball spielen und uns für das Gemeinwohl engagieren.

Blick auf die Schere – und nochmaliger Blick auf das ›ökosoziale‹ Prinzip

So utopisch, wie es auf den ersten Blick erscheint, ist die soeben gestellte Frage danach, wo denn das zu erwartende MEHR-FÜR-ALLE als Folge der Rationalisierung/besseren Ausrüstung bleibt, nicht. Es war ein elementarer Bestandteil des rot-grünen Koalitionsvertrags vom Herbst 1998, Ökosteuern einzuführen und mit den Einnahmen daraus nicht *den allgemeinen Staatshaushalt* zu finanzieren, sondern speziell *Rentenbeiträge*. Damit schuf man ein indirektes *Einkommen der Bevölkerung*, das auf Erträgen beruht, die durch einen anderen Faktor als menschliche Arbeit zustande kommen.

Das ist ein vollkommen neues politisches Prinzip! Es wird ›ökologisch-sozial‹ oder ›Umfinanzierung der Arbeitskosten‹ genannt. Eigentlich ist es nichts anderes als die logische Folge der Industrialisierung, es wäre das ›Ernten‹ nach den ganzen Geschichtsepochen mühevollen, sklavischen ›Ackerns‹ und ›Säens‹: Die Wirtschaftsfaktoren Energie und Kapital, die immer mehr zur Wertschöpfung beitragen und seit rund 250 Jahren den Faktor Arbeit immer weiter ersetzen, sind neben dem Arbeitslohn ebenfalls als Einkommensquelle der Menschen heranzuziehen.

Doch genau das geschieht nicht – bis auf die erwähnte zukunftsweisende, bisher absichtlich klein gehaltene Ausnahme. Stattdessen muss der Arbeitslohn alleine das Einkommen und sämtliche weiteren sozialen Sicherungen finanzieren und dabei alle nach oben gehenden Dynamiken alleine stemmen. Damit aber kommt es zu einer Schere zwischen den Arbeitskosten einerseits und den Kosten für Kapital und Energie andererseits (im folgenden Arbeits-Sachkostenschere genannt), d.h. das Ersetzen des Faktors Arbeit durch die Faktoren Maschinen/Immobilien/Kapital und Energie/Rohstoffverbrauch wird immer attraktiver. Das Ernten bleibt den Reichen vorbehalten, die für jenen Ersetzungsprozess das Geld vorstrecken (›investieren‹).

Das gesuchte ›Irgendetwas‹, das im übertragenen Sinne Bombenteppiche, Erdbeben und Sturmfluten erzeugt, d.h. Milliardeninvestitionen vernichtet, ist das Nichtanwenden der ökosozialen Umfinanzierung, bzw. es ist das Zementieren der Arbeits-Sachkostenschere.

Dadurch ist der einst notwendige Aufbauprozess gleitend, nahtlos und unbemerkt in einen reinen Ersetzungsprozess übergegangen. Dieser Ersetzungsprozess ist überflüssig wie ein Kropf, sündteuer, vernichtet Flächen und Ressourcen, lässt die Meere überlaufen und gefährdet auch sonst unser aller Überleben – durch ökologische und soziale Katastrophen.

Wie es zur Schere kommt, wie sie genau funktioniert und welche Folgen sie hat, das sehen wir uns im folgenden Abschnitt an.

Drei Wirtschaftsfaktoren – Entwicklung von Kosten und Nachfrage

Wer Waren und Dienstleistungen produzieren und/oder verkaufen will, muss immer in irgendeiner Form die drei hauptsächlichen Wirtschafts- oder Produktionsfaktoren einsetzen:

- Arbeit – bzw. das, was Menschen körperlich und geistig leisten können,
- Kapital – bzw. ›Produktionsmittel‹, Grundstück, Gebäude, Maschinen usw.,
- Energie – bzw. Rohstoffe, die zur Produktion zugeführt werden müssen.

Jeder Betrieb setzt diese drei Faktoren ein, wenn auch in unterschiedlichem Ausmaß. Nicht nur Stahlwerke, Maschinen- und Chemiefabriken, auch die ›Ich-AG‹ eines IT-Dienstleisters oder ein kleiner Krankenpflegedienst sind auf fachkundige Arbeit, auf Räume, Telefone, PCs und Strom, auf Fahrzeuge und Treibstoff angewiesen.

Wenn es nun eine Kostenentwicklung zwischen diesen Faktoren gibt, also wenn sich etwa der Faktor Arbeit *im Vergleich* mit den Faktoren Kapital und Energie stetig verteuert, dann sind die Unternehmen langfristig im Wettbewerb dazu gezwungen, durch verstärkten Maschineneinsatz Mitarbeiter zu ersetzen bzw. ihre Arbeit produktiver zu machen. Vor dem Unternehmen/r stehen die drei Faktoren gewissermaßen in einer Konkurrenzsituation. Verteuerung des einen Faktors führt bei ihm zu abnehmender Nachfrage – und umgekehrt.

> Der Unternehmer verhält sich hierbei nicht anders als ein/e Konsument/in im Laden: Zwar wird sich manche/r bisweilen das Teurere ›leisten‹ können; aber langfristig, und wenn das Verhalten vieler Konsument(inn)en statistisch betrachtet wird, gibt es natürlich eine Tendenz zum Billigeren.
>
> Anschaulich ist auch der Vergleich mit privaten Kleinproduzenten, etwa Schneider/in oder Schuster/in: Sie brauchen bestimmte Materialien; auch wenn für sie die Qualität vorrangig ist, werden sie sich doch die billigste Quelle suchen, weil dann der Gewinn am höchsten ist, und natürlich auch, weil sie nur so mit den Preisen der Konkurrenz Schritt halten können.

Das betrifft nicht nur das produzierende Gewerbe, dessen Zwang zur ›Automatisierung‹ noch am ehesten bekannt ist und in dessen Fabriken die neuesten Fertigungsstraßen oft neben den erst wenige Jahre zuvor erworbenen (schon wieder meist stillliegenden) zu sehen sind. Auch der Dienstleistungssektor war in den letzten Jahrzehnten davon geprägt, dass man nur noch mit einer bestimmten Standardausrüstung (komplexe Telefonanlage, Fax, Kopierer, Computer und Software der neuesten Generation ...) eine Überlebenschance hat und dass auch hier Arbeitsstunden einzusparen bzw. produktiver zu machen sind. Bewusst wurde oben die Automatisierung der Bankfilialen als Beispiel genommen, um zu zeigen, dass der Automatisierungsdruck weit über die Fabriken hinaus auch in der Dienstleistungsbranche besteht.

Soziale Folgen der Schere: Umverteilung von Arm zu Reich

Der ›Investitionszwang‹ und ›Wachstumszwang‹ oder genauer: der Zwang zu materiellem Wachstum hat nun eine stetige Nachfrage nach Geld auf den Kapitalmärkten bzw. nach Darlehen zur Folge; er hilft, das Zinsniveau hochzustemmen, das ohne eine solche Dauernachfrage in den Promillebereich fallen würde; die Tendenz dazu besteht ja jetzt schon, wie jeder weiß, der Geld anzulegen hat. Dennoch gibt es immer noch Zinsen im Prozentbereich, vor allem wenn es sich um Sollzinsen handelt. Genau das macht die Reichen immer reicher und die Armen immer ärmer.

Dass bei einem direkten Darlehensverhältnis dem Schuldner etwas weggenommen wird, was der Gläubiger bekommt – der Zins, sozusagen als ›Leihgebühr‹ – ist jedem klar. Weniger bewusst ist, dass gesamtgesellschaftlich auch schuldenfreie Personen und Haushalte die Gesamtverschuldung von Staat und Unternehmen mittragen, und zwar indirekt: Denn die Kapitalkosten sind in den Steuern sowie in den Preisen von Waren und Dienstleistungen enthalten.

> Wenn ich eine Semmel kaufe, muss deren Preis alles wieder hereinbringen, was der Bäcker ausgegeben hat: für Arbeitsstunden, für Wärme/Strom/Gas und für seine Gebäude und Geräte, d.h. sein (Sach-)Kapital. Zu deren Anschaffung musste er einen Kredit aufnehmen, wodurch ihm mit Zins und Tilgung ›Kapitalkosten‹ entstanden. Weil er immer wieder neue, effizientere Knetmaschinen und Öfen aufstellen musste, um seine Belegschaft reduzieren oder mit ihr mehr produzieren zu können, ist der Kapitalkostenanteil an der Semmel heute höher als vor 30 Jahren, der Arbeitskostenanteil dagegen niedriger. Durch Einkauf trage auch ich mein Scherflein zur besseren maschinellen Ausstattung bei. Natürlich nicht nur beim Bäcker, sondern auch in anderen Geschäften. Diese ganzen ›Scherflein‹ zusammengerechnet ergeben über 40% in den durchschnittlichen Lebenshaltungskosten. Für die stetig steigende ›Kapitalisierung‹ der Unternehmen, ebenso für die steigende Staatsverschuldung werden wir alle also kräftig zur Kasse gebeten; ohne sie hätte jede/r, der/die nicht

sehr vermögend ist, fast doppelt so viel (von seinem/ihrem) Einkommen!

Ab einer bestimmten Privatvermögenssumme dagegen übersteigen die verschuldungs- und zinsbedingten persönlichen Einnahmen die verschuldungs- und zinsbedingten persönlichen Ausgaben. D.h. dadurch, dass es Investitionszwang, Verschuldung und Zinsen gibt, hat die Minderheit der Reichen mehr zinsbedingtes Einkommen, und zwar je reicher, desto mehr, während die Mehrheit der Armen und Nicht-ganz-so-Reichen mehr Ausgaben hat. Die hohe und steigende Staats- und Unternehmensverschuldung ist ein Instrument der indirekten Umverteilung von den Armen zu den Reichen.

Dass dieser Umverteilungsmechanismus in der Vergangenheit unumgänglich und weiterführend war (Aufbau von Lebensgrundlagen, Wiederaufbau nach Kriegen) bzw. auch gegenwärtig unter bestimmten Umständen und in einem begrenzten Maße sinnvoll und rettend sein kann, wird beim historischen Rückblick (Kapitel 4) deutlich werden.

Rettung: nur durch Schließen/Umkehren der Schere

Um den Ansatzpunkt der ökologisch-sozialen Marktwirtschaft zu sehen, ist es wichtig, die Schere zwischen relativ steigenden Arbeitskosten und relativ sinkenden, stagnierenden oder auch nur weniger steigenden Kosten für Kapital und Energie vor Augen zu haben.

Nur auf die **Relation** bzw. auf die langfristig zu erwartende **Kostenrelations*entwicklung*** kommt es dabei an. Persönliche Einschätzungen wie ›mein Lohn ist gar nicht gestiegen‹ oder ›das Benzin an der Tankstelle wird doch dauernd teurer‹ helfen nicht weiter.

Nach Ausweis der Statistik erhöhen sich auch die Spritpreise langfristig gesehen keineswegs stärker als die übrigen Lebenshaltungskosten, sondern eher schwächer. Tankstellen sind nur viel mehr unter Dauerbeobachtung als Kartoffeln, Krawatten, Koffer und Kühlschränke.

Der Wettbewerb wird faktisch am Punkt der Automatisierung entschieden, ob wir es wahrhaben wollen oder nicht. – Noch nicht einmal, ob und wie gut die Schere messbar ist (auch ökonometrische Methoden können irren, falsch angesetzt sein usw.), entscheidet über den Ausgang des Wettbewerbs, sondern allein das Prinzip ›Versuch und Irrtum‹; Unternehmen, die laufend die Kapitalsumme pro Arbeitsplatz erhöhen, sind faktisch nun einmal die erfolgreicheren.

Man erinnere sich an die öffentlichen Reaktionen auf die im November 2017 beschlossenen Massenentlassungen bei Siemens, obwohl jenes Unternehmen so glänzende Gewinne eingefahren habe! Entsprechende Proteste von Politikern offenbarten die ganze Desinformation: Der Siemenskonzern hätte geradezu irrational gehandelt, wenn er seine guten Erträge NICHT zur Rationalisierung genutzt hätte. Als einer der größten Ausrüster für Fertigungsstraßen und Robotertechnologie kann er es sich gegenüber seiner weltweiten Kundschaft auch gar nicht leisten, nicht selbst mit ›gutem‹ Beispiel voranzugehen.

Wenn von Unternehmerseite die Arbeitskosten beklagt werden und die Konsequenz daraus ›Investition‹ heißt, wenn die Unternehmen vor einem ›Stirb oder investiere!‹ stehen, dann kann das, was die Arbeitsplätze ersetzt bzw. effizienter macht, nur vergleichsweise billiger sein, auch wenn im Wirtschaftsteil der Zeitung nichts von ›Kapitalverbilligung‹, ›Energieverbilligung‹ und eben auch nichts über die ›Schere‹ zu lesen ist, sondern (absichtlich) einseitig und ausschnitthaft nur das Gejammere über die ›Arbeitskosten‹.

Die Kostenschere verursacht eine (umgekehrte) Nachfrageschere: Der Faktor, der im Vergleich mit den anderen teurer wird, wird weniger nachgefragt: menschliche Arbeit. Die Faktoren, die sich relativ verbilligen, werden stärker nachgefragt: Ausrüstung/Immobilien und Energie/Rohstoffe. Deshalb verzeichnen wir einerseits eine Tendenz zur Massenarbeitslosigkeit, andererseits eine Tendenz zu Kapitaleinsatz/Automatisierung/Flächenversiegelung und Energieverschwendung samt Umweltproblemen. Wenn dies in Deutschland nicht so drastisch ausfällt wie anderswo, dann weil sich die 2000–2003 erfolgten minimalen ökosozialen Schritte zum Schließen der Schere bereits spürbar auswirken. Doch eine zu schwache, d.h. nicht dynamisierte ›Ökosozialpolitik‹ lässt uns grundsätzlich in den Fängen und Zwängen dieser Schere.

Die Schere ist verantwortlich für die mangelnde Nachhaltigkeit unseres Systems in den drei Bereichen Ökologie, Soziales und wirtschaftliche Attraktivität/Stabilität/Standortqualität.

Es gibt sehr wohl Alltagsbeobachtungen, die die ›Arbeits-Sachkosten-Schere‹ und ihre Folgen, die umgekehrte Arbeits-Kapital/Energie-Nachfrage-Schere, sichtbar machen, z.B. zunehmende LKW-Kolonnen bei einer Autobahnfahrt, u.a. weil es sich lohnt, Arbeitskostengefälle innerhalb Europas zu nutzen – egal ob das in Öko-Kreisen geläufige Beispiel der zum Zersägen nach Portugal transportierten Baumstämme zutrifft oder nicht. Selbstverständlich werden Rohstoffe und Vorprodukte gemäß den Verarbeitungskosten hin- und hergekarrt. Zugleich sind an den Ausfahrten immer neue ›Gewerbegebiete‹ mit riesiger Flächenüberbauung, aber nur wenigen Arbeitsplätzen zu sehen; hier wird die Schere geradezu sinnfällig.

Wem schadet und wem nützt die bisherige Arbeits-Sachkostenschere?

Die Arbeits-Sachkostenschere wirkt sich auf vier Gebiete katastrophal aus: auf den Arbeitsmarkt, auf Standortqualität samt (Finanz-)Stabilität, auf das soziale Gefüge und auf die Umwelt, d.h.:

- Sie erzeugt **Arbeitslosigkeit**, weil sie die Unternehmen zu Rationalisierung/Automatisierung und **Entlassungen** zwingt.
- Der Rationalisierungs-, Investitions- und **Wachstumszwang** ist ein **Standortnachteil**, eine Belastung für die Unternehmen und erzeugt eine dauernde Anfälligkeit für Wirtschafts- und **Finanzkrisen**.
- Der Wachstums-, Rationalisierungs- und Investitionszwang entzieht auch den Normalbürger(inne)n erhebliche Mittel, da seine Kosten

von den Unternehmen in den Preisen weitergegeben werden; er bewirkt die **Umverteilung** von den Armen zu den Reichen.

- Der Wachstumswahn führt zum Verbrauch von Flächen und anderen Ressourcen, treibt den Energie- und anderen Rohstoffverschleiß samt daraus resultierendem Müll-, Abgas- und Giftausstoß in die Höhe, ist also hauptverantwortlich für die **Umweltzerstörung**.

Die Schere wirkt sich aber auf mindestens einem Gebiet ›nützlich‹ aus:

- Der stetige Zwang zur Investition erzeugt eine Übernachfrage nach Krediten und stemmt damit das Zinsniveau auf geldvermehrende Höhen hoch. Denn eigentlich müsste durch unsere hocheffiziente und automatisierte Wirtschaft der Markt bzw. der ursprüngliche Bedarf längst so gesättigt sein, dass diese Industrielandschaft kaum noch zu wachsen bräuchte, dass stattdessen die Nachfrage nach Kapital zurückgehen und damit auch die Preise für Kapital, die Zinsen, schwinden und sich die Waren dauernd verbilligen müssten.

Dies geschieht aber nicht, jedenfalls nicht in dem zu erwartenden Maße. Auf diese Weise **nützt die Schere den Kapitalanlegern**.

Das ›Theater‹ der Tarifverhandlungen

Dass die Schere noch einer weiteren Klientel nützt, ergibt sich, wenn man in Betracht zieht, dass sie hauptsächlich durch die **Tarifpolitik** verursacht wird:

Weil die meisten Menschen ihr Einkommen ausschließlich aus Arbeitslohn oder einer davon abhängigen (Versicherungs-)Leistung wie Rente, Arbeitslosengeld usw. beziehen, weil kein zweites Einkommensstandbein für alle (wie z.B. ein echtes Grundeinkommen) geschaffen wurde, ist die große Mehrheit auf machtvolle Gewerkschaften angewiesen, die mit ihren Druckmitteln und Kampfmöglichkeiten gegenüber der Arbeitgeber-Macht wachsende oder zumindest einigermaßen stabile Einkommen und Sicherungen durchsetzen. Es geht hier nicht um die durchaus vorhandenen Errungenschaften/Leistungen der Gewerkschaften, sondern um die einstmals richtige, mittlerweile aber gerade den Wachstumszwang anheizende Tarifpolitik.

Der häufig zu hörende Leitsatz der Gewerkschaften lautet: *Die Arbeitnehmer_innen sind am steigenden Produktivvermögen der Wirtschaft zu beteiligen.* Das ist grundsätzlich vollkommen richtig und wünschenswert. Nur dass die Tariflohnerhöhung ein schlechtes Instrument dazu ist, weil sie die Unternehmen zur *weiteren Erhöhung des Produktivvermögens* zwingt, und zwar *auf Kosten der breiten Bevölkerung.* Mit Tarifpolitik die Menschen am steigenden Produktivvermögen der Wirtschaft beteiligen zu wollen, ist ungefähr so, wie Alkoholismus mit Schnaps, Fettsucht mit Schokolade oder den Teufel mit dem Beelzebub austreiben zu wollen. ABER:

- Dass alles beim Alten bzw. bei der Schere bleibt, nützt vor allem der Gewerkschaftsspitze, weniger den Gewerkschaften und am wenigsten den Beschäftigten.

Durch das Tarif-Theater wird lediglich eine veraltete Macht-Gegenmacht-Struktur aufrechterhalten. Das Überlebensproblem wird uns also wegen der Gewinninteressen der Minderheit von Anlegern und wegen der Machtinteressen der Minderheit von Gewerkschaftsbossen zugemutet. Politische Parteien, die meist einer der beiden Seite zugehören, Verbände, Medien usw. werden mitunter dazu instrumentalisiert, nur *eines* mit aller Macht zu verhindern: die Umkehrung bzw. Schließung der Schere bzw. eine *direkte* Beteiligung am Wachstum des Produktivvermögens.

Dass dies ganz gezielt und absichtlich so gemacht wird, kann man auch daraus ersehen, dass es *zusätzliche politische Maßnahmen* gibt, um die Schere noch weiter zu öffnen – teils schon durchgeführt, teils noch geplant, etwa:

- Steigerung der Lohnnebenkosten: Pflegeversicherung, Gesundheitsfonds sowie:
- Verbilligung der beiden anderen Wirtschaftsfaktoren
  – *Kapital*: Abschreibungsmöglichkeiten, Investitionsförderung und
  – *Energie*: Ökosteuer-Ausnahmen für Großverbraucher, Flugbenzin, LKW-Diesel usw.

Wie absichtsvoll die Tarifpolitik von beiden sich offensichtlich absprechenden Seiten als womögliches Instrument zur Bedienung der Reichen eingesetzt wird, lässt sich u.a. auch der Statistik entnehmen: Die Erhöhung der Bruttoarbeitskosten in Westdeutschland zwischen 1982 und 1989 (also bevor sich mit der ›Wende‹ zu viele Faktoren auf einmal änderten) sieht wie mit dem Lineal gezogen aus.

Das lässt darauf schließen, dass die Schere längst als Steuerungsinstrument erkannt ist und gezielt genutzt wird. Freilich im Verborgenen und nur zur Bedienung der Interessen einer Minderheit. Die Umgestaltung der bisherigen sozialen Marktwirtschaft zu einer dynamischen ökologisch-sozialen Marktwirtschaft wäre also nichts anderes als

- das Transparentmachen und das öffentliche Debattieren der Scherenpolitik sowie
- die Nutzung der Schere im Interesse der breiten Bevölkerung und zum Schutz der natürlichen Lebensgrundlagen statt der bisherigen Nutzung auf Kosten der breiten Bevölkerung und zum Schaden der Umwelt.

Zusammenfassung

Der Zwang zum materiellen Wachstum, der die Umwelt zerstört, die Reichen immer reicher und die Armen immer ärmer macht, wird im heutigen System hauptsächlich durch die Schere zwischen Bruttoarbeitskosten einerseits und Energie- und Kapitalkosten andererseits verursacht. Das hauptsächliche Instrument, diese Schere aufrechtzuerhalten, ist die Tarifpolitik: Was einstmals der Befreiung geknechteter Arbeiter diente, nämlich eine starke Gewerkschaftsbewegung und feste Regeln der Tarifauseinandersetzung, ist zum Fessel- und Folterinstrument für die sogenannten kleinen Leute geworden. Was als Politik zur Einkommenssicherung verkauft wird, ist in Wirklichkeit das Instrument, das Armut erzeugt, und zwar sowohl im eigenen Land als auch weltweit.

Der Zwang zu materiellem Wachstum war in der Vergangenheit gegeben. Vom Ende der Jungsteinzeit und der Entstehung von Großreichen (3. Jahrtausend v. Chr.) bis heute war/ist immer jenes politische System am erfolgreichsten, das am effizientesten wachsen oder expandieren kann (vgl. Kapitel 4). Erst durch den Gipfel dieser Entwicklung, die Industrialisierung, entstanden zumindest in den Industrieländern ausreichend neue Lebensgrundlagen, sodass sich das Erfordernis grundlegend umgekehrt hat: Hier ist weiterer Aufbau, weitere materielle, ressourcenverbrauchende Expansion nicht nur nicht mehr nötig, sondern sogar zerstörerisch. Wachstum wird sich künftig vor allem auf dem Informationssektor abspielen: Das ist die vielbeschworene ›Wissensgesellschaft‹. Wir werden gleich anschließend in Kapitel 3 anhand der Evolutionstheorie sehen, wie grundlegend und entscheidend es ist, zwischen dem Wachstum des Wissens- und des Organisationsgrades bzw. der Komplexität einerseits und der Steigerung des ›größer‹, ›stärker‹, ›schneller‹, ›reproduktiver‹, also materiellem Wachstum andererseits, zu unterscheiden.

Abschluss des ersten Teils – ›politisches Handwerkszeug‹

Wir haben nun in diesen beiden ersten Kapiteln die beiden Seiten der ökologisch-sozialen Marktwirtschaft kennengelernt: zuerst, wie diese als *dynamisches* Modell funktionieren könnte, dann, was genau am bisherigen System *nicht* funktioniert. Damit ist eigentlich alles gesagt, was die konkrete Politik angeht, und wir können uns anschließend den genaueren Begründungen für beides widmen, für die ›Fälligkeit‹ bzw. ›Fehlsteuerungen‹ des alten und die ausgewogene, selbststeuernde Struktur des neuen Systems.

Ergänzend sei zuvor noch zweierlei nachgetragen: einmal wie sich der Systemübergang konkret vollziehen könnte, zum anderen welche weiteren Maßnahmen nützlich sein könnten, um nach einer ›Wende‹ die heilenden Trends zu stabilisieren und zu beschleunigen.

Probleme im Übergang – Zusammenbruch unserer ›Bubble-Wirtschaft‹

Das Problem beim Start der dynamischen ökologisch-sozialen Marktwirtschaft sind die Börsen und internationalen Finanzmärkte. Denn das jetzige System ist an folgendem Punkt instabil: Allein die ernsthafte Aussicht, dass es zur ›ökologischen industriellen Revolution‹ (Horst Köhler[19]) kommen, dass irgendwo auf der Welt ein noch so kleiner, aber wirksamer Anfang gesetzt werden könnte, würde die Anleger bereits im Vorgriff auf die tatsächliche Durchführung ihre Investitionen aus den Bereichen abziehen lassen, die durch die Umstellung ins Hintertreffen geraten. Denn schätzungsweise 60 bis 80% des an der Börse angelegten Kapitals rentiert sich nur aufgrund der Schere zwischen Arbeitskosten und Energie- bzw. Kapitalkosten: Das betrifft besonders Energieversorgung, Energieverbrauch (Auto, Luftfahrt), Rationalisierung und Banken, deren Geschäftsvolumen von der (rationalisierungsbedingten) Kapitalnachfrage abhängig ist. Sobald die Scheren-Umkehr ernsthaft geplant wird, werden die Anleger ihr Geld aus den scherenbedingt boomenden Bereichen abziehen. Der damit ausgelöste weltweite Aktien-Crash wird die Kernländer der Industrie- und Wohlstandsgesellschaft in Westeuropa, Nordamerika und Ostasien als ›Bubble-Wirtschaft‹ vorführen. Sie haben (analog zu bisherigen Zusammenbrüchen wegen Immobilien-Stagnation) alle auf ›steigende Arbeitskosten‹ bzw. eine ewige Schere gewettet.

Das wird kein IWF mehr auffangen können. So groß diese Gefahr ist, so sehr ist womöglich dies die eigentliche Achillesferse, an der sich das herrschende System mit geringstem Aufwand zum Kollaps bringen lässt. Damit wird aus der Gefahr letztlich doch wieder eine Chance.

---

19 Der ehemalige Bundespräsident in einem visionären Zeitungsbeitrag am 14.3.2009, in dem er gegenüber der Passauer Neue Presse eine ›ökologische industrielle Revolution‹ und ein ›qualitatives Wachstum‹ forderte. https://www.fr.de/politik/koehler-oekologische-industrielle-revolution-11547609.html Zugriff: 5.11.2019.

Nach einem solchen Erdbeben wird den Regierungen gar nichts anderes mehr übrigbleiben, als die bisherigen ökosozialen Steuerungsinstrumente auszubauen und mit der beschriebenen Dynamisierung bzw. einem selbststeuernden Regelkreis zu ergänzen.

Die kurzfristig möglichen negativen Folgen dieses Crashs haben sich nicht die Befürworter einer ökosozialen Reform zuzuschreiben, sondern jene, die die seit Jahrzehnten fällige Umsteuerung machtvoll hinausgezögert und damit den ›Reform-Stau‹ und eine explosive Situation herbeigeführt haben.

Möglicherweise sind also alle Überlegungen zu einem gleitenden Übergang hinfällig; die Vor-Wende-Situation könnte durch folgendes Paradox gekennzeichnet sein: Weil *prinzipiell* ein kontinuierlicher Übergang möglich ist, könnte es *faktisch* zu einem raschen, explosionsartigen Wandel kommen. Diese Aussicht auf ein schnelles Ende des Bisherigen könnte aber wiederum genügend Menschen ermutigen und mobilisieren. Denn die entmutigenden Erfahrungen der jetzigen Epoche (›bis das mal soweit ist‹) gelten dann nicht mehr.

Spannend bleibt vor allem die Frage, mit wieviel Kontinuität sich dieser Ordnungsübergang begleiten lässt, d.h. in wie vielen Fällen eine Regierung die Neugestaltung moderieren kann und in wie vielen Staaten stattdessen die Führungselite ausgewechselt wird. Auch hinsichtlich der Parteienlandschaft könnte es einerseits zur Ersetzung bisheriger Parteien durch neue kommen, andererseits zu fraktionsübergreifender Zusammenarbeit und einer Erneuerung der Parteien von innen heraus, sodass am Ende z.B. eher konservativ-ökosoziale und ökoliberale Strömungen progressiv-ökosozialen Gruppierungen gegenüberstehen – weil künftig das Ökosoziale notwendigerweise das gemeinsame politische Prinzip ist.

Künftige Weiterentwicklungen – Eigendynamische Entwicklungspolitik

1. In geographischen Studien gilt bislang der **Verbrauch von Steinkohleeinheiten als Index für Wohlstand**. So entstand der falsche Eindruck, ökologisches Wirtschaften sei ein Schritt rückwärts. Doch in der künftigen Weltwirtschaft ist das *Volkseinkommen unabhängig von Kapital- und Energieverbrauchsmaximierung*.

Wettbewerb am Punkt Ressourcennutzung bzw. Input-Minimierung entspricht dem Komplexitätssteigerungsprinzip der Evolution (siehe Kapitel 3). Wenn die finanziellen Rahmenbedingungen jeden dazu veranlassen, Ressourcen einzusparen, fördert dies in einer kaum überschaubaren oder planbaren Breite menschliche Arbeit und Kreativität.

2. Wenn Macht-Gegenmacht-Strukturen überflüssig werden, beschleunigt sich der heute schon spürbare Trend zu **Regionalisierung und Dezentralisierung**. Das kann dadurch unterstützt werden, dass sowohl die Besteuerung als auch der Ökolohn in gesamtstaatliche und regionale Ebenen fraktioniert werden, was einen Wettbewerb der Regionen um die ›richtigen‹ wirtschaftlichen Rahmenbedingungen zur Folge hätte – etwa nach dem Motto: *Was ist für Mecklenburg, was ist für den Großraum Stuttgart besser: höheres Grundeinkommen oder niedrigere Energiesteuern?* Dieser offene evolutionäre Prozess ist auch deshalb nötig, weil die Parameter der künftigen Wirtschaftspolitik im neuen System zunächst einmal vor allem durch ›Versuch und Irrtum‹ herauszufinden sind. Sie können nicht von oben oktroyiert, sie können auch nicht aus der heutigen Perspektive durch Rechenmodelle ermittelt werden, weil sich zu viele Faktoren auf einmal ändern. Die Umsteuerung ist ein nicht vorhersagbarer, ›chaotischer‹ Prozess, ähnlich den schlaksigen, überraschenden, unberechenbaren, prinzipiell unvorhersagbaren Bewegungen eines Mehrfachpendels.

3. Nicht nur nach ›unten‹, sondern auch nach ›oben‹ lassen sich die beschriebenen neuen Steuerungselemente gliedern und ergänzen, etwa durch einen EU- und UNO-Anteil an Ökosteuern und lohn. Mit z.B. 1 $ monatlichem **Grundeinkommen für jeden Weltbürger** könnten die hochindustrialisierten Staaten arme Länder, die sich dem Modell anschließen, unterstützen, denn anfangs würde dieses globale Grundeinkommen hauptsächlich aus Kapital- und Ressourceneinsatz der nördlichen/westlichen Hemisphäre finanziert werden.

4. Dies könnte ein zusätzliches Instrument für **basisorientierte Entwicklungszusammenarbeit** sein – ebenso wie die Tendenz zu Deflation und Niedrigzinsen in den Industrieländern, die sofort auch eine globale Tendenz sein wird bzw. Kapital und Ressourcen, Ausrüstungsgüter und Investitionsbereitschaft zu den Ärmsten der Armen auf der Welt führt. Afrikaner_innen, Lateinamerikaner_innen und Mittelasiat(inn)en wissen wohl selbst am besten, welche Produktion, welches Geschäft oder welche soziale Einrichtung sie in ihrem Land aufbauen sollten; ihnen fehlt meist ›nur‹ das Startkapital.

Damit wird die bisherige verfehlte Entwicklungspolitik überflüssig. Bislang läuft sie oft aus folgendem Grund schief: Wegen der Schere (bzw. der oben erwähnten dauernden Kapitalvernichtung) entsteht ein Kapitalmagnet in den längst aufgebauten Industrieländern. Wer immer von den Mächtigen eines Entwicklungslandes an Devisen kommt, legt diese lieber auf westlichen Konten bzw. in Bluechips an. Deshalb kommt, wie dies eine wache Presse oft thematisiert, von westlicher Entwicklungshilfe nur wenig in den Ländern an, denen geholfen werden soll. Oder aber es werden (Groß-)Projekte (die möglichst Aufträge an ›westliche‹ Firmen beinhalten) finanziert, die bereits vorhandene sensible wirtschaftliche und soziale Mikrostrukturen eines Entwicklungslandes stören, verzerren oder gar vernichten, statt an den vorhandenen Fähigkeiten und Ressourcen anzuknüpfen – abgesehen von den ökologisch und sozial verheerenden Schäden mancher von außen aufgezwungenen bzw. von den lokalen Machthabern gewünschten Infrastrukturmaßnahmen (z.B. umstrittene Staudämme, die bisweilen auch Minderheiten vernichten, weil sie deren Lebensgrundlagen überfluten lassen; vgl. etwa das Lebensthema des brasilianischen Bischofs Erwin Kräutler).

5. Zu der immer wieder geführten Debatte um die Integrations- und Flüchtlingsproblematik ist zu sagen: Das Motto ›Fluchtursachen bekämp-

fen‹ – soweit dies nicht als Ausflucht missbraucht wird, um Verfolgte nicht aufnehmen zu müssen – lenkt das Augenmerk und die Aktivität auf ›Maßnahmen‹ in den von Armut betroffenen Ländern. Das ist gegenüber einfach gestrickten, populistischen Modellen (Türen zu, Rückführung) schon einmal sehr gut. Noch besser und vor allem wirksamer aber wäre es, auf das eigene Land bzw. die eigene Wirtschaft, die eigenen Weichenstellungen zu blicken. Besser wäre es, nicht etwas zu tun, sondern lieber etwas zu lassen, nämlich von gewohnten politischen Ritualen wie der Tarifpolitik abzulassen, d.h. sie von alleine ›auslaufen‹ zu lassen, indem man einfach den Menschen eine Alternative bzw. das Steuerungsinstrument ›Schere‹ in die Hand gibt.

Und wie lautet das ›Zauberwort‹, das ich eingangs versprach?

Es muss sich mit aller Macht auf die schwache Stelle im System richten. Diese ist die Tabuisierung einer Alternative zum Tariflohn. Ich schlage vor: ›**Öko-Lohn statt Tarif-Fron!**‹ – Aber vielleicht kommen ja Sie selbst, liebe Leserin, lieber Leser, auf etwas Zugkräftigeres.

Teil II: Begründung der ökologisch-sozialen Marktwirtschaft aus Evolution, Geschichte und Konjunkturforschung

Munition für politische Debatten

Einleitung

Im ersten Teil wurde das politische ›Handwerkszeug‹ dargelegt: Wie die ökologisch-soziale Marktwirtschaft konkret funktioniert und wie sich eine Weiterentwicklung dorthin aus dem gegenwärtigen System heraus beginnen lässt (Kapitel 1). Etwas grundsätzlicher wurde dann Kapitel 2: welche Blockaden diese Weiterentwicklung bisher verhindern. Auch hier standen allerdings konkrete politische Machenschaften bzw. Beweggründe und Interessenlagen im Vordergrund. Sie alle spielen dann keine Rolle mehr, wenn sich in einer Demokratie Mehrheiten bilden, die das Neue wollen, formulieren und in einem freudigen Diskussionsprozess einfach anfangen. Denn aller Anfang geschieht im Denken, im Wollen und damit, dass darüber gesprochen, dass argumentiert und, wo nötig, gestritten wird.

Mit der Begründung der dynamischen ökologisch-sozialen Marktwirtschaft aus der Evolutionstheorie, aus der Geschichte und aus der Theorie der Konjunkturwellen werden wir nun noch eine Stufe grundsätzlicher.

Vorweg: Theoriegrundlagen zur eigenständigen Verbesserung des Modells

Es reicht nicht aus, nur zu wissen, ›wie's gemacht wird‹. Gerade um an jenem neuen, bisher noch viel zu wenig diskutierten Modell oder an einem Wendeprozess mitarbeiten zu können, sind Erkenntnisgrundlagen erforderlich, die zu eigenständigem Handeln und Weiterentwickeln des möglicherweise noch unzureichend beschriebenen Modells befähigen.

Mit anderen Worten: Sie sind gefragt, liebe Leserin, lieber Leser, das bisher Dargestellte zu verbessern. Und dazu möchte ich Ihnen nun noch Hintergrundwissen vermitteln – jedenfalls soweit ich es überblicke; auch das können Sie ja erweitern, auch hier könnten Sie ja selbst weitere Entdeckungen machen und zur Modifikation des Dargestellten beitragen.

Auf das Zukunftsmodell ökologisch-soziale Marktwirtschaft laufen verschiedene Linien hinaus: evolutionäre, historische und konjunkturtheoretische. Alle drei Themenfelder beschreiben aber letztlich dasselbe; sie behandeln das Kontinuum von Prozessen und Entwicklungen, ob im Universum, in der belebten Natur oder in der Kultur des Menschen, zeigen dieselben Prinzipien, konkret: den grundlegenden Unterschied zwischen dem ehernen Gesetz, genügend Leistung für das Überleben zu erbringen, und den kreativen Möglichkeiten, diese Leistung auf lustvolle Weise zu steigern, nämlich abseits aller materiellen Engpässe, Kampf und Wachstumszwänge, im unendlichen, immateriellen Raum der Steigerung der Komplexität, des Organisationsgrades.

Kapitel 3: Evolution

Grenzen des Wachstums – unbegrenzte Möglichkeiten

Darwin oder Fundamentalismus? – Eine falsche Alternative

Ein im Oktober 2005 in der New York Times veröffentlichter Artikel des Wiener Kardinals Schönborn entfachte eine neue Debatte um die Evolutionstheorie: ›Naturwissenschaft gegen Fundamentalismus‹ – so präsentieren die Medien das Thema gerne. Doch dem Erzbischof und anderen namhaften Vertretern der Katholischen Kirche geht es überhaupt nicht darum, wegen der bildhaften Schöpfungserzählungen der Bibel Darwins (1809–1882) Entdeckungen zu bestreiten oder die Forschungsergebnisse zu leugnen, die in den zwei Jahrhunderten seit Darwin zutage gefördert wurden, wie das manche Christen (meist eher evangelischer Herkunft) tun, die z.B. in den USA den Biologieunterricht zu entwissenschaftlichen versuchen.

Es gibt in dieser Auseinandersetzung kein einfaches Entweder-Oder. Die Verkürzung der Debatte auf zwei gegensätzliche Extreme – ›entweder Darwin oder fanatisches Beharren auf der Schöpfung in sieben Tagen‹ – ist eine Verfälschung. Erstens weil der Mainstream der heutigen Biologie eine grundsätzliche Position vertritt, die sich weder aus der biologischen Forschung ergibt noch von Darwin vertreten wurde. Und zweitens weil die modern-katholische Auffassung neben jener der heutigen Biologie und jener der US-amerikanischen Fundamentalisten in Wirklichkeit eine dritte Position ist: die (auch von Darwin vertretene oder zumindest zugelassene) Annahme, dass sich die Entwicklung der biologischen Arten zwar so abspielte, wie es die moderne Evolutionsforschung beschreibt, dass aber weder die Entwicklung der Natur noch die der menschlichen Kultur allein auf Zufall beruhte, sondern eine Richtung hat, bestimmten Prinzipien bzw. einem Sinn folgte. Jene dritte Position steht grundsätzlich in der alten philosophischen Tradition des *Platonismus* oder *Idealismus*. Platon (428–348 v. Chr.) gilt als wichtigster Vermittler des Evolutionsgedankens. Ihm ging es aber nicht um eine Entwicklung biologischer Arten – diese galten bis ins 18. Jh. als unveränderlich – sondern um den kulturellen Fortschritt der Menschheit, die Entwicklung der Erkenntnisse und Fähigkeiten, der Moral und der Politik, sowie die Entwicklung einer idealen Form des Staates.

Was Schönborn vertritt, ist eine moderne Form des Idealismus, weil er mit Darwin die alte Evolutionsidee auf die Natur überträgt und die Veränderlichkeit der Tier und Pflanzenarten akzeptiert – was zugleich einen einschneidenden Sinneswandel der katholischen Kirche in der zweiten Hälfte des 20. Jh. verdeutlicht. Diese dritte Position widerspricht einerseits der heutigen naturwissenschaftlichen Deutungsweise, welche jeden Sinn der Evolution abstreitet, andererseits dem wortklauberischen Beharren auf einer Schöpfung in sieben Tagen.

Den tiefgreifenden Wandel der katholischen Theologie seit Mitte des 20. Jh. hat weder die breite Öffentlichkeit zur Kenntnis genommen, noch hat der angeblich so ökumenebewusste Protestantismus diese Weiterentwicklung gewürdigt oder gar für die eigene Theologie nachvollzogen. Während sich das westliche Christentum (katholisch und evangelisch) traditionellerweise vollkommen auf das Thema ›Rettung der Seele/des Individuums‹ beschränkte, begann in den 1930er Jahren bei südfranzösischen Jesuiten die Wiederentdeckung des altkirchlichen Themas ›Rettung der Welt‹ und der damit verbundenen christlich-platonischen Evolutionsidee. Was bei Henri de Lubac, Jean Daniélou, Pierre Teilhard de Chardin als *nouvelle théologie* begann – und zunächst einmal bekämpft wurde –, setzte sich schließlich, besonders im II. Vatikanischen Konzil, durch. Später wurden Lubac und Daniélou in den Kardinalsstand erhoben; mit Ratzinger ist ein Gelehrter aus dieser Schule schließlich Papst geworden. Wir haben es beim Mainstream der Führungsriege der katholischen Kirche schon länger nicht mehr mit ›Antimodernisten‹ zu tun, sondern mit der Bewahrerin der geistigen Wurzeln des Abendlandes, auch der kulturellen Grundlagen für die säkularen Geistes- und Naturwissenschaften. Die ›Regensburger Rede‹ Benedikts XVI. hat dies 2006 (trotz ihrer anti-islamischen Entgleisung) dargelegt.

Wenn wir auf Schönborn und andere katholische Theologen Bezug nehmen, dann nicht weil es um Glaubensfragen im engeren Sinne ginge, sondern nur weil jene Kirchenmänner weit und breit die einzigen Vertreter einer *philosophischen* Sichtweise sind, einer grundlegenden Theorie, die gar nicht aus der Kirche stammt, sondern von höchst weltlichen griechischen Denkern. Allerdings wurde der Idealismus, besonders in der Vergangenheit, von der Theologie geradezu aufgesogen – bis hin zu einer scheinbaren Identitätsverschmelzung. Weil sich die Kirche aber zunächst einmal, auch mit ihrem Kampf gegen Darwin, ungefähr zwischen 1840 und 1960, vor Gesellschaft und Wissenschaft sehr unglaubwürdig gemacht hat, verlor auch die platonische Konzeption an Ansehen. Doch diese ›zufällige Geschichtstatsache‹ kann nicht begründen, warum diese Theorie prinzipiell *ad acta* zu legen sei.

Es geht wie gesagt hier nicht um Theologie, sondern lediglich um die Frage, die der Platonismus aufwirft, nämlich ob die Evolution erkennbaren Prinzipien folgt. Und diese Frage stellen wir nur wegen der Schlussfolgerungen für menschliche Kultur bzw. Wirtschaftspolitik, nicht um die zugleich aufblitzende Frage, ob es ›Gott‹ gibt, zu beantworten. Das eine ist überlebensrelevant, das andere ›nur‹ ein Nebenprodukt (über das jede/r für sich entscheiden mag).

Dass sich aus dem Einfachen das Höhere entwickelt, ist nach jener alten Auffassung nur durch Annahme eines unsichtbaren Plans oder eines Schöpfers zu erklären. Das legte Schönborn dar, wobei er sich auch auf entsprechende Äußerungen des verstorbenen Papstes Johannes Paul II. berief. Ebenso entschieden vertritt dies Papst Benedikt XVI., der sich sogar als Fan Teilhard de Chardins (1881–1955) zu bezeichnen wagt. Teilhard war Paläontologe (Fossilienforscher) und zugleich Jesuitenpater. Mitte des 20. Jh. erregte er mit seiner Verbindung von Evolutionsbiologie und Theologie/Philosophie Aufsehen und wurde von der damaligen Kirchenleitung mit Veröffentlichungsverbot belegt, v.a. deshalb weil die kirchliche Dogmatik, wie erwähnt, lange Zeit an der Vorstellung Stabilität der von Gott geschaffenen Arten festhielt.

Doch nicht nur Teilhard, Wojtyla, Ratzinger, Schönborn usw. greifen auf Platon zurück, auch Darwin stand grundsätzlich schon in jener Tradition. Platons Evolutionsgedanke wurde in der späteren Antike sowohl von weltlichen Denkern wie etwa Plotin (205–270 n. Chr.) als auch von christlichen Kirchenvätern aufgenommen und weiterentwickelt. Im Mittelalter waren es v.a. Mystiker, die jene vor-naturwissenschaftliche Evolutionsidee weiterpflegten.

> Die Evolutionsidee inspirierte auch ›Ketzer‹, d.h. solche Mystiker, die sich in den Augen der Kirche zu weit vorwagten: am bekanntesten Joachim von Fiore (ca. 1130–1202), der drei Epochen der Menschheitsgeschichte lehrte und die Überwindung des (gegenwärtigen) ›mittleren‹ Zeitalters der Macht, der Konflikte und einer gewalttätigen Kirche weissagte. Joachim selbst kam zwar zu Lebzeiten ungeschoren davon, seine späteren Anhänger jedoch wurden auf das Grausamste verfolgt.

Auch in der Neuzeit lebte die Annahme einer Evolution, einer allmählichen Höher-Entwicklung der menschlichen Kultur (z.B. im ›Deutschen Idealismus‹, bei Hegel, Schelling, Fichte, Lessing usw.) neu auf. Dieses Prinzip auf die Biologie anzuwenden, auf die Entwicklung der Arten, die sich mehr und mehr als veränderlich erwiesen hatten, und mit der Evolution eine Fülle von Naturphänomenen zu erklären, war schließlich Darwins große Leistung. Während bei Darwin selbst der grundlegende platonische Hintergrund bzw. der ›Glaube‹ an eine Bestimmung zum Höheren (Darwin war schließlich auch Theologe) noch nicht verschwunden war[20],

20 Das steht im Gegensatz zum Atheismus, den Richard Dawkins und andere mit Darwin begründen. Vittorio Hösle betont demgegenüber in seinem phi-

veränderte sich in der nachfolgenden Evolutionsforschung der philosophische Grundansatz in einer entscheidenden Weise: Es wurden damals im 19. Jh. und es werden bis heute alle Überlegungen zu einem Sinn, Ziel, Plan oder einer Richtung der Evolution für unwissenschaftlich gehalten. Damit folgen die Naturwissenschaften der Philosophie des *Positivismus*, die sich von der des Idealismus entschieden abgrenzte.

›Positivistisch‹ bedeutet nicht ›optimistisch‹. Vielmehr verweist dieser Begriff auf eine alte Debatte, die schon Platons Lehrer Sokrates führte: Ob es Grundsätze der Erkenntnis und der Ethik bzw. Ideen gäbe, die ›von Natur‹ (griech. physis) aus seien, oder ob sie nur auf willkürlicher menschlicher ›Setzung‹ (griech. thesis/lat. positio) beruhten. Die moderne Kritik am antiken und mittelalterlichen Naturrecht und an der (idealistischen) Metaphysik führte einerseits zum ›Rechtspositivismus‹, wonach der Staat willkürlich Gesetze erlassen kann, ohne auf angeblich naturgegebene Rechte Rücksicht zu nehmen, andererseits zu einer Naturwissenschaft, die Sinnzusammenhänge nur als etwas sieht, das der forschende Mensch zur besseren Einordnung beobachtbarer Phänomene ›setzt‹/entwirft/phantasiert, das aber nicht im erforschten Objekt selbst steckt.

Die positivistische Grundannahme einer ›sinnfreien‹ Evolution mag von der reinen Forschungsmethodik her ihre Berechtigung haben, hält sie doch das Auge des Beobachters von Vorurteilen frei. Als weltanschaulicher Grundsatz ist sie aber selbst eine willkürliche Vorentscheidung, die aus wissenschaftlichen Beobachtungen, Messungen und Fakten nicht abzuleiten ist.

---

losophischen Schulbuch *Darwin* (Bamberg [Buchner] 2005), S. 152: ›dass Darwin für den Großteil seines Lebens daran festhielt, dass seine Evolutionstheorie durchaus auch mit einem theistischen Weltbild vereinbar ist – wie er ja unter anderem auch aus theologischen Gründen zu seiner Theorie gekommen war‹. Ausführlich belegt Hösle dies im ORF-Beitrag über ein internationales Symposium in Wien (23.–26.2.2012) zum Verhältnis von Evolutionstheorie und Schöpfungsglaube durch Darwin-Zitate. URL: http://religionv1.orf.at/projekt03/webcast/webcast/hoesle/hoesle.htm.

Doch auch die modernen Vertreter des platonischen Modells haben einen Sinn der Evolution in den bisherigen Veröffentlichungen nur behauptet, aber nicht argumentativ bewiesen. Schönborn, Ratzinger und andere Vertreter des christlichen Platonismus setzen eine zunächst ebenso willkürliche Annahme voraus. Indes liegt der Beweis zum Greifen nahe. Dazu müssen wir uns nur genau mit der positivistischen Evolutionstheorie von heute befassen.

Systembegriff und Abgrenzung vom politischen ›Darwinismus‹

Noch etwas vorweg: Evolutionstheorie in Verbindung mit Politik weckt Erinnerungen an den ›(Sozial-)Darwinismus‹, der meint, wie bei Pflanzen und Tieren solle auch unter den Menschen der Stärkere überleben und der Schwächere zugrunde gehen, was Darwin selbst überhaupt nicht intendierte; es erinnert an den (pseudo)darwinistisch begründeten Rassismus der Nationalsozialisten, aber auch an moderne, durch die heutige Biologie ermöglichte Versuche der Menschenzüchtung und Eugenik, z.B. durch Selektion von Embryonen (Präimplantationsdiagnostik).

Um derlei Missbrauch auszuschließen, muss deutlichgemacht werden, was die ›Subjekte‹ der Evolution sind: Es sind immer *Systeme*, egal ob ganze Lebewesen oder deren Organe oder Zellen, egal ob Ameisenstaaten, menschliche Sprachen oder technische Geräte. Nachdem der Mensch mit der Kulturentwicklung auf eine andere, nächsthöhere Ebene der Evolution gesprungen ist, können auch nur die Systeme der kulturellen Ebene im Licht der Evolutionstheorie zur Debatte gestellt werden, so wie in diesem Buch die wirtschaftspolitischen Steuerungssysteme.

Ein Herumzüchten am *biologischen* Wesen Mensch dagegen wäre nicht nur inhuman, sondern auch ineffizient, d.h. viel zu langsam im Vergleich mit Änderungsmöglichkeiten der kulturellen Ebene. Eine biologische Verbesserung, etwa die Züchtung eines Übermenschen ohne Kurzsichtigkeit und Weisheitszähne, ist ja außerdem gerade wegen der kulturellen

Ebene, die Brillen und Zahnmedizin hervorgebracht hat, gar nicht nötig. Genetisch verursachte oder begünstigte Krankheiten und Behinderungen sind Herausforderungen, die heutigen technischen Möglichkeiten einzusetzen und ein dichtes soziales Netz zu knüpfen, damit den Betroffenen ein Leben in Würde und mit Lebensfreude ermöglicht wird – genau das könnte doch der eigentliche ›Sinn‹ des Lebens sein! – aber kein Anlass, sich aufgrund neuer diagnostischer Fähigkeiten schon wieder zum Richter über ›unwertes Leben‹ aufzuschwingen.

Auf der anderen Seite aber ist die *angemessene* Anwendung evolutionstheoretischer Erkenntnisse auf die Systemebene der Politik unumgänglich. Verschließen wir weiterhin die Augen davor, dass unsere Weltwirtschaft ein Subsystem des Universums ist und den evolutionären Spielregeln unterliegt, wird es uns so gehen wie den Heuschrecken, die über einen Landstrich herfallen, sich rasant vermehren, und sobald sie alles kahlgefressen haben, massenhaft verhungern – bis auf wenige Exemplare, die es schaffen, woanders die nächste Katastrophe einzuleiten. Ob von uns Menschen überhaupt jemand einen Totalcrash der Menschheit und des Ökosystems überleben würde, ist allerdings mehr als fraglich. Wir haben nur diesen einen Planeten. Der Evolution freilich kann das egal sein. Sie hat vermutlich Tausende besiedelter Planeten in diesem Universum; die Erde und ihre Menschheit wären dann einfach nur – zumindest für die nächsten Jahrmillionen – aufgrund einer groben Fehlentwicklung ›ausgesiebt‹.

Komplexitätssteigerung: Ziel der Evolution? – Der Beweis

Was ist eigentlich Entwicklung zu etwas ›Höherem‹? – Wissenschaftlich lässt sie sich als ›Komplexitätssteigerung‹ fassen und sogar messen. Die biologische Evolutionsforschung ist nun genau darauf ausgerichtet, eine Erklärung dafür zu bieten, warum aus Viren und Einzellern Elefanten, Mammutbäume und denkende Menschen entstanden sind. Sie kommt dabei ohne Annahme eines Schöpfers oder Plans aus, denn sie erklärt die Komplexitätsentwicklung als eine Summierung zufälliger Mutationen.

Außerdem widerspricht sie dem naiven Eindruck, Komplexitätssteigerung sei die kontinuierlich verfolgte Richtung der Evolution. Kontinuierlich verfolgen lasse sich vielmehr nur das Bestreben, zu überleben – durch möglichst optimale ›Anpassung‹ an die Umweltbedingungen. Kontinuierlich sei nur der Wettlauf um schnelle, häufige, zahlreiche Selbstreproduktion. Um dies zu erreichen, könne es im einen oder anderen Fall vorteilhaft sein, die Komplexität zu steigern, also indem etwa Geschick und Denkleistung der Lebewesen zunehmen; deshalb seien lange Reihen von Mutationen im Selektionsprozess erfolgreich gewesen, die nachträglich den Eindruck erweckten, als sei hier kontinuierlich die Komplexität erhöht worden. Doch Steigerung des Komplexitäts oder Organisationsgrades sei keineswegs der einzige Weg zum Erfolg im *struggle for life*. Es könne auch genauso gut von Vorteil sein, wenn die Einzelexemplare einer Gattung mehr, größer, stärker, schneller würden oder sich rascher fortpflanzten.

Ein Hauptargument gegen die Annahme, Komplexitätssteigerung sei der Sinn der Evolution, lautet: Die komplexeren Pflanzen, Tiere, Wesen, Systeme sind keineswegs besser überlebensfähig als die primitiveren, wie auch umgekehrt weder Viren und Einzeller ausgestorben sind noch Quallen und Algen. Vielmehr existierten sie *gleichberechtigt neben* hochorganisierten Bienenbauten, Bachmotetten und Birkenwaldbiotopen. Entstanden sei zufällig das, was eben zufällig überlebensfähig ist. Genau an dieser gleichrangigen Überlebensfähigkeit zeige sich, dass die Steigerung der Komplexität nur eine von vielen Entwicklungsmöglichkeiten sei, über die sich Selektionsvorteile erringen lassen. Tatsächlich?

Folgen wir doch diesem Konsens der Evolutionsbiologie: dass es in der Evolution nur um Anpassung und Überleben geht, dass darum in allererster Linie ein Wettlauf um Selbsterhaltung, Reproduktion usw. zu bestehen ist, sodass es insgesamt zu einer *Steigerung der ›Wechselwirkung‹*, egal mit welchen Mitteln, kommt. – Was ist eigentlich, wenn diese Steigerung an Grenzen stößt? Wenn das bloße *Mehr, Größer, Stärker, Schneller, ...* zur Erschöpfung der Ressourcen führt, in Konkurrenzkämpfe mündet oder wie bei den Heuschrecken endet? Wird demgegenüber die Komplexitätssteigerung nicht doch zur grundsätzlichen Alternative? Wenn die materiellen

Steigerungsformen immer irgendwann an Grenzen stoßen und wenn auf der anderen Seite die Erhöhung von Information, Organisation, Kombination usw. immateriell, materieunabhängig und prinzipiell unbegrenzt ist, müsste daraus nicht folgen, dass genau jene letztgenannte Weise der Anpassung die kontinuierliche Hauptrichtung der Evolution ist?

Sehen wir uns an, wie sich die auf Darwin zurückgehende Theorie verändert, wenn die **Grenzen des Wachstums** berücksichtigt und zwei grundverschiedene Wege des *struggle for life*, der quantitative und qualitative Weg, auseinandergehalten werden!

Die zwei Wege der Evolution angesichts der Grenzen des (materiellen) Wachstums

Wenn nach Prinzipien, Spielregeln und dem Ziel der Evolution gesucht wird, dann wirft das die Frage nach dem Zufall auf, dem Darwin und die heutige Evolutionsforschung nahezu alles zuschreiben. Natürlich kommt dem Zufall eine sehr wichtige Rolle zu: Er ist für die *Mutationen* verantwortlich. Nur durch eine ›Laune der Natur‹ ändern sich bei der Bildung oder der Vereinigung der Fortpflanzungszellen hin und wieder einige ›Buchstaben‹ auf dem DNS-Code. Manche womöglich ohne erkennbare Wirkung, viele mit negativen Folgen – bei Säugetieren etwa Abgang, Totgeburt oder schwere Behinderung des neugebildeten Individuums. Einige wenige aber könnten dem neuen Exemplar und seinen Nachkommen vielleicht einen Vorteil bringen. Mutationen, ob genetische Veränderungen auf der biologischen oder Entdeckungen und Erfindungen auf der kulturellen Ebene, müssen zufällig sein. Für das SUCHEN nach überlebensfähigeren Varianten ist das ›Zappeln‹ (Peter Kafka über die ersten Momente nach dem Urknall) erforderlich, das Spielerische, das kreative Durchprobieren aller möglichen Kombinationen, bis etwas passt, funktioniert, erfolgreich ist, sich durchsetzt, sich herauskristallisiert, ob bei den subatomaren Teilchen kurz nach dem Urknall, bei den Nukleinsäuren der ›Ursuppe‹, bei experimentierenden Ingenieuren oder beim Anbieten ihrer

Erfindungen auf dem freien Markt, ob im Konkurrenzkampf der Unternehmen oder im Kräftemessen unterschiedlicher Gesellschaftssysteme oder beim Diskutieren neuer Ideen auf dem kulturellen Markt.

Doch diese zentrale Rolle des Zufalls in der Evolutionstheorie, dieses unvorhersagbare Neumischen der Karten bei der Fortpflanzung lässt keinesfalls die Schlussfolgerung zu, dass auch die Selektion zufällig sei bzw. regelfrei erfolge. Für das FINDEN der Veränderung, die passt, für die *Selektion*, d.h. die Frage, welches System überlebensfähig ist, reicht Zufall als Erklärung nicht aus. Um zu überleben, muss ein System genügend ›Leistung‹, neutraler gesagt, genügend ›Wechselwirkung‹ erbringen. Neben dem Auffinden neuer ›Nischen‹ (bzw. ›Marktlücken‹) und der Anpassung hieran ist der ganze von Darwin beschriebene *struggle for life* (Kampf ums Dasein) ein einziger Wettlauf der Systeme aller Ebenen um Wechselwirkung.

Für diesen Wettlauf gibt es ***zwei grundverschiedene Wege: Stärke*** und ***Organisationsgrad*** bzw. materielle/quantitative Steigerung und Komplexitätssteigerung.

Dass sich die Evolution auf zwei verschiedenen Wegen vollzieht, bedeutet: Das Überleben im ›Kampf ums Dasein‹ wird *einmal* durch Kampfkraft,Größe oder durch eine hohe Zahl der Individuen einer Art bzw. durch eine hohe Vermehrungsrate gesichert. Elefanten und Giraffen etwa sind vor den Löwen durch ihre Größe und Stärke sicher. Blattläuse werden zwar von vielen Feinden gefressen, halten diesem Überlebensdruck aber ebenfalls durch eine Strategie auf quantitativem Sektor stand: durch rasche Vermehrung. Zudem erhöht dies die Wahrscheinlichkeit einer strukturellen Anpassung: Je höher die Reproduktionsrate, desto mehr neue Mutations-Varianten entstehen und desto höher ist die Wahrscheinlichkeit, dass irgendeine Mutation zufällig zur Resistenz gegen einen bestimmten Feind oder auch gegen ein Pflanzenschutzmittel führt.

Neben diesen ›quantitativen‹ oder ›materiellen‹ Wegen, Wechselwirkung hervorzubringen, neben dieser Basis jeder Existenz gibt es *zum anderen* aber auch noch Wege, den Organisationsgrad, die Komplexität zu steigern. Nahrungsbeschaffung und Schutz vor Feinden z.B. können auch durch Intelligenz statt durch Stärke gesichert werden.

Komplexitätssteigerung bzw. Organisationsleistung ist eine ›qualitative‹ Methode. Sie setzt ein Mindestmaß an materieller Grundlage voraus; daher haben die ›quantitativen‹ Wege ihren Sinn, sind notwendig, ›dienen‹ der Höherentwicklung. Doch auf der Basis einer einmal erreichten materiellen Größe geht es darum, die vorhandene Materie intelligent zu organisieren. Komplexitätssteigerung selbst findet jenseits des Materiellen, jenseits irgendwelcher Größen und Mengenzahlen statt.

Dass die Komplexitätssteigerung der kontinuierliche und vorrangige Weg der gesamten Evolution ist, liegt nun eigentlich auf der Hand; es ergibt sich daraus, dass den quantitativen Wegen immer Grenzen gesetzt sind. Ressourcen sind in der Tat begrenzt, ebenso materielles Wachstum. Die Begrenztheit liegt in der Natur des Materiellen.

> Das ist das Argument, das weder die positivistische Biologie noch die idealistischen Evolutionsziel-Vertreter unter den katholischen Theologen bisher berücksichtigen. Es ist zugleich die simple Tatsache, die in der heutigen Wirtschaftspolitik keine Rolle spielt (bzw. spielen darf?). Höchstens wenn bisweilen von einer künftigen ›Wissensgesellschaft‹ die Rede ist, blitzt andeutungsweise auf, dass es unbegrenzte Möglichkeiten jenseits der Grenzen des Wachstums gibt.

Beispiele: Elefanten und Giraffen etwa in den Reservaten Afrikas sind zwar durch ihre Größe vor den Löwen sicher. Sie haben aber bereits Probleme, genügend pflanzliche Nahrung zu finden. Mutierte Varianten, die noch größer wären, hätten wieder geringere Überlebenschancen. Sie sind also genau so groß, wie es möglich ist. Auch für einen Baum mag es, um langen Rüsseln und Hälsen zu entgehen, in seiner Artentwicklung zunächst einmal vorteilhaft gewesen sein, immer größer zu werden. Doch wenn diese Entwicklungstendenz nicht gestoppt wird, brechen die Exemplare irgendwann unter ihrer eigenen Last zusammen oder anders gesagt: Genau dadurch stößt diese Tendenz an eine Grenze; zu große Mutationsvarianten sind nicht überlebensfähig; es gibt sie praktisch nicht.

Materielles Wachstum, ob im Kleinen beim Individuum oder im Großen einer Artentwicklung, ist immer rückgekoppelt. Nicht rückgekoppeltes Wachstum nennt man ›Krebs‹.

Zudem führen Ressourcenengpässe in Konflikte, während Komplexitätssteigerung dem Engpass und dem Konflikt entgeht. Durch höhere Organisation werden Ressourcen eingespart und Konflikte aufgelöst. Das zeigt sich nicht erst am Verhalten intelligenter Affen in der Savanne, die versteckte Quellen nutzen, während Büffel um Wasserlöcher kämpfen. Schon auf biologischer Ebene machen zweifacher Blutkreislauf und bessere Wärmedämmung durch Federn bzw. Fell Vögel und Säugetiere ›effizienter‹ gegenüber Reptilien. Dass beide Tierklassen den wechselwarmen Dinosauriern[21] einst den Rang abgelaufen haben, lässt sich *auch* mit ihrer besseren Energienutzung aufgrund eines ›intelligenteren‹ Körperbaus erklären, nicht nur mit der Katastrophentheorie.

Noch ein Beispiel auf der Verhaltensebene: Tiere, die Vorräte anlegen, sind im Vorteil gegenüber anderen, die bei Nahrungsmangel hungern; Vorratshaltung aber erfordert ein Mindestmaß an Hirnleistung, also eine komplexere ›Software‹, etwas Immaterielles.

Auch Darwins zentrales Thema ›Anpassung‹ zieht eigentlich die Komplexitätssteigerung logisch nach sich. Wenn sich eine Art anpasst bzw. sich eine ›ökologische Nische‹ erschließt, dann ist dafür bisweilen materielles Wachstum erforderlich (etwa die stärkeren Blattadern des ›Wegerichs‹, die ihn auf ›Wegen‹ überdauern lässt, auf denen andere Pflanzen zertreten werden), bisweilen genügt eine qualitative Änderung (etwa die wespen-

---

21 Siehe ewta https://de.wikipedia.org/wiki/Blutkreislauf (Zugriff: 14.12.2019), v.a. wenn man den Blutkreislauf der wechselwarmen Wirbeltiere mit dem Blutkreislauf der gleichwarmen Wirbeltiere vergleicht: Erst die vollständige Schließung der Herzscheidewand macht den doppelten Blutkreislauf effizient. Hans-Dieter Mallig nimmt die Vorteile von Fell bzw. Federn gegenüber den Schuppen der Reptilien hinzu: http://www.mallig.eduvinet.de/bio/Repetito/Evolut3.html (Zugriff: 14.12.2019) Und auch neuere Funde belegen immer wieder, dass aufgrund dieser Vorteile die Säugetiere schon lange vor der mutmaßlichen Katastrophe der Dinosaurier florierten: https://www.wissenschaft.de/umwelt-natur/saeugetiere-florierten-schon-vor-dem-ende-der-dinos/ (Zugriff: 14.12.2019)

artigen Schockfarben der Schwebfliege, die das wehrlose Insekt vor dem Gefressenwerden schützen), häufig geht es darum, ungenutzte Ressourcen, kleinste Energiegefälle zu nutzen (bekannte Beispiele sind Regenwurm und Mistkäfer) oder Fähigkeiten zu entwickeln, die die Art überlegen machen (überraschende Flugbewegungen z.B. machen Schwebfliegen sicherer vor insektenjagenden Vögeln). Da die Anpassung an die Bedingungen einer durch Begrenzungen geprägten Umwelt erfolgt, sind solche Änderungen der Qualität, der Struktur, Steigerungen der Energienutzung und der Komplexität die aussichtsreichsten.

Mit den Zufallsmutationen, die zu den verborgensten Möglichkeiten führen, bisher noch unentdeckte Nischen zu nutzen, entstehen neue Unterarten, Arten, Gattungen. So wird die Natur als Ganze immer vielfältiger und komplexer. Vor bzw. unterhalb der biologischen Evolution gilt dasselbe für die physikalischen, chemischen und komplexchemischen Entfaltungswege (z.B. im Reich der Kristalle und anderer Mineralien). Nach bzw. oberhalb der biologischen Ebene gilt dasselbe für die Kulturentwicklung: Als biologisches Wesen ist der Mensch schwach, weil er schlecht läuft, klettert, kämpft, sieht, hört, riecht, doch seit dem Sprung auf die Ebene der Kultur, zu dem ihn seine Großhirnrinde befähigte, hat er neue Wege der Komplexitätsentwicklung zur Verfügung, geht sie mit großem Erfolg und wäre in der Lage, das Kämpfen den Büffeln und das hemmungslose Plündern von Ressourcen den Heuschrecken zu überlassen.

Innerhalb der Kulturentwicklung selber haben sich ebenfalls zahlreiche Komplexitätssprünge ereignet, seien es technische Erfindungen oder Rechtsreformen, Marketingstrategien oder Bildungssysteme. Solche Innovationen brachten die Menschheit immer wieder voran; sie konnte damit Engpässen entgehen, statt sie in Konflikten auszukämpfen. Daher muss auch auf der übergeordneten Ebene der Staaten, Bündnisse oder auch der Weltgemeinschaft dasjenige System das erfolgreichste sein, das solche Innovationen zulässt oder gar fördert.

Ein Beispiel aus der jüngsten Geschichte: Die freiere, d.h. stärker auf selbstgesteuerten Prozessen und auf der Prämierung von Kreativität beruhende westliche ›Marktwirtschaft‹ war der östlichen ›Planwirtschaft‹

strukturell überlegen, mochte sich jene auch noch so sehr auf dem quantitativ-materiellen Sektor abstrampeln, ob durch militärische Stärke oder Raubbau an Ressourcen um der Devisen willen. Ebenso wird sich künftig eine flexiblere, zur freien Verknüpfung und Selbststeuerung noch besser befähigte Variante der Marktwirtschaft gegenüber der heutigen eingeschränkten Marktwirtschaft durchsetzen. Gelähmt wird die heutige Marktwirtschaft freilich weniger durch Sozialgesetze und Schutzrechte der Schwachen (wie von ›neoliberaler‹ Seite unermüdlich behauptet), als vielmehr durch den Vorrang der Kapitalanlegerinteressen – wie oben in Kapitel 2 genau gezeigt wurde.

Insgesamt stellt sich die jeweils gegenwärtige Welt dar als das Ergebnis des Ausprobierens *vieler* Wege durch *trial and error*, ›Versuch und Irrtum‹ – so Darwin; antik hieß das: ›Suchen und Finden‹. Dieses Durchprobieren der Möglichkeiten beruht auf Zufall. Oder noch neutraler ausgedrückt: Was auf dem ›Markt der Möglichkeiten‹ (aller Ebenen der Evolution, ob physikalisch, biologisch oder kulturell) angeboten wird, mag zustande gekommen sein, wie es will, es endet in jedem Falle, was es auch sei, immer an den fest eingerammten Pflöcken der materiellen Begrenzungen. Die quantitativen Wege, Wechselwirkung zu steigern, sind meist bis an die äußersten Grenzen vorgetrieben. Sie sind jedenfalls irgendwann immer ›ausgereizt‹. Das ist der eine Fixpunkt, das eine Prinzip, das die durch Zufall generierte Entwicklung steuert.

Nach der anderen Seite hin ist aber alles offen. Dem Prinzip der Begrenztheit steht das der Freiheit durch Kreativität gegenüber. Der Weg der Komplexitätssteigerung ist unbegrenzt. Eine grundsätzliche Grenze des Wissens könnte höchstens das Gödelsche Unentscheidbarkeitstheorem sein, wonach die Vollständigkeit der Erforschung und Beschreibbarkeit eines (Sub-)Systems Gesetzmäßigkeiten offenbart, die immanent nicht erklärt werden können, sondern zur Erforschung des höheren (Supra-)Systems antreiben, auf dessen Ebene sich dann das gleiche Phänomen erneut zeigen würde. Wenn durch Zufall oder durch sonst ein Ereignis ein Komplexitätssprung zustande kommt, der gelingt, hält, richtig ist bzw. sich bewährt, dann geht es in dieser Richtung, die wir durchaus ›aufwärts‹

oder ›höher‹ nennen dürfen, weiter, wie begrenzt die Bahn rechts und links auch immer sein mag. Komplexitätssteigerung ist darum der erste und hauptsächliche Weg der Evolution. Durch den Konkurrenzdruck zum Überlebenskampf bzw. zur allgemeinen Wechselwirkungssteigerung (bzw. durch maximalistischen ›Willen‹, siehe den folgenden Abschnitt) wie durch einen Motor angetrieben, durch die Endlichkeit alles Materiellen wie durch Leitplanken eingegrenzt und durch die unendliche Offenheit zur Komplexitätssteigerung nach vorne geführt, ergibt sich eine Zielrichtung der Straße, auf der das Ganze läuft, und damit ein Sinn der Evolution. Die Richtung lässt sich nur sehr unzureichend mit ›Komplexitätssteigerung‹ beschreiben; das Ziel selbst werden wir freilich auch in tausend Jahren noch nicht kennen, weil die Kenntnis einer höheren Komplexität als der gegenwärtig jeweils vorhandenen ja gerade das ist, was wir jeweils noch nicht haben (werden).

Maximalismus, verschwenderische Vielfalt und kreativer Vorrat

Neben den beiden Wegen ist eine *dritte* bestimmende Komponente zu berücksichtigen: Weiterentwicklungen finden nur dort wirklich statt, wo alle Steigerungsmöglichkeiten maximal ausgetestet werden. Oder: Evolution gibt es nur deshalb, weil sowohl bei den quantitativen Optionen bis zum Äußersten gegangen als auch zum Auffinden der Komplexitätssprung-Optionen alles Denkbare durchprobiert wird. Auf den physikalischen und chemischen Ebenen war dies der Antrieb zum ›Zappeln‹ (Peter Kafka), auf der biologischen Ebene führt dieses Zappeln zu Mutationen. Auf der Ebene des kulturellen Vorwärtsstrebens heißt dies: Es braucht Akteure, die das von ihnen subjektiv als richtig Erkannte im Maximum tun. Erst damit gewinnen sie – durch Erfolg wie durch Misserfolg! – die Rückmeldung, was objektiv richtig ist. Der schon mehrfach zitierte Peter Kafka (1933–2000) war ein politisch engagierter Astrophysiker. Aus seiner Arbeit, aus seinen Vorträgen und aus Gesprächen mit ihm kenne ich v.a.

die Nachweise evolutionärer Prinzipien bei der Entstehung der Atome und ihrer Teilchen während der ersten Sekunden nach dem Urknall. Jene nur scheinbar kurze Zeit bot genügend Spielräume für ›trial and error‹, weil pro Zeiteinheit wesentlich mehr Ereignisse stattfinden konnten; das ist es, was wir aus unserer Retrospektive als ›Millionen‹ oder gar ›Milliarden Grad heiß‹ beschreiben. – In seinem Buch GEGEN DEN UNTERGANG. SCHÖPFUNGSPRINZIP UND GLOBALE BESCHLEUNIGUNGSKRISE von 1994 verbindet er seine evolutionäre Sichtweise mit der Entfaltung einer politischen Konzeption, die in manchem der hier dargestellten ähnelt. So beruht die Evolution also nicht nur auf den zwei beschriebenen Wegen, sondern ist durch insgesamt drei Prinzipien angemessen zu umreißen:

- *Wechselwirkungssteigerung* als dem allgemeinen Prinzip, Selektions-Hürden zu überspringen und zu überleben,
- *Komplexitätssteigerung* als der Hauptrichtung, die im Gegensatz zu den begrenzten Steigerungsoptionen des quantitativ-materiellen Bereichs unendlich möglich ist, sofern nur irgendwann ›das Richtige‹ getroffen wird, und
- *Maximalismus* als der Triebfeder, es immer und immer wieder in alle Richtungen und auf allen Wegen mit allem Nachdruck zu probieren.

Neben ressourcenverschleißender Wechselwirkungssteigerung und ressourcensparender Kreativität gibt es noch eine Fülle von ›Verschwendungs‹-Möglichkeiten, die zwar nicht funktional, aber hinsichtlich der materiellen Begrenzungen völlig ›unschädlich‹ sind. So wird etwa in der Natur die Fülle von Farben und Formen bei Blumen und Schmetterlingen nicht bestraft; sie ist ein ›kreativer Maximalismus‹, der niemandem etwas wegnimmt. Ihren Sinn bekommt diese scheinbare Verschwendung dadurch, dass damit ein Vorrat von Optionen entsteht, auf den bei Bedarf, d.h. bei Änderung der Überlebensbedingungen, zurückgegriffen werden kann – das ist ein Thema der Epigenetik.

Das betrifft nicht nur die genannten Beispiele, die wir subjektiv als ›schön‹ empfinden, es wird auch vermutet, dass jene 80 bis 90% des Erbguts, der DNS, die aktuell nicht ›abgelesen‹ werden, sondern scheinbar funktionslos sind, mindestens zum Teil eine Sammlung solcher ›Kreativitäts-Reserven‹ darstellen, die nach Bedarf aktiviert werden können.

> Mit der Epigenetik lassen sich sogar Phänomene in die Darwinsche Theorie integrieren, die eher für Darwins großen Theorie-Vorgänger und Konkurrenten Lamarck zu sprechen scheinen, weil sie danach aussehen, als hätte sich eine Art vererbliche Eigenschaften aufgrund einer aktuellen Situation oder Erfahrung erworben. Eine solche spontane Mutation des Erbguts gibt es (bis auf höchst unwahrscheinliche Einzel-Zufälle) natürlich nicht. Denkbar ist aber ein ›Umschalten‹ auf bereits vorhandene, bisher inaktive (ableseblockierte) Gene aufgrund eines neuen Anpassungsdrucks und damit die rasche äußerliche Veränderung einer Art aufgrund von Umwelteinflüssen.

Ein solches Vorhalten bislang nicht benötigter Innovationen kann auch für die Gesellschaft nützlich sein. Sie sollte daher alles Spielerisch-Kreative zulassen und fördern. Das neue politische System müsste deshalb gegenüber jener scheinbar zweckfreien, aber sozial und ökologisch unschädlichen Kreativität bzw. ›künstlerischen Freiheit‹, auch gegenüber allen möglichen Lebens- und Partnerschaftsformen (soweit sie Menschenwürde und Freiheit nicht einschränken), Experimenten und Wagnissen offen sein, weil jede nur erdenkliche Vielfalt es der Menschheit bei künftigen Problemen ermöglichen könnte, noch schneller auf bereits entwickelte Lösungsmodelle zurückzugreifen.

Idealismus und Erfahrung

Wie eine nächsthöhere Ebene der Komplexität aussieht, lässt sich aus dem jeweils niedrigeren Zustand heraus nicht beschreiben; es kann nur durch Ausprobieren ›erfahren‹ werden: Die Fahrbahn erschließt sich hier nur dem Fahrenden, ja manchmal nur dem Drauflospreschenden! Und dennoch erklärt sich der Erfolg, wenn er denn einmal erfolgt ist, im Rückblick als etwas, das ›logisch‹ auf dem bisher Bekannten aufbaut. Die höheren Ebenen der Komplexität sind also bereits da, existent, wirksam, bestimmend, nur dass die sichtbare, geschöpfliche Welt sie noch nicht erreicht, noch nicht umgesetzt und verwirklicht, noch nicht ›materialisiert‹ hat.

> Das meinte Platon bzw. meint der Idealismus mit dem Vorrang der Ideen bzw. dem bestimmenden Charakter des Geistigen. Schon simpelste Dinge wie z.B. Stuhl oder Tisch ›funktionieren‹ erst, wie jeder Schreinerlehrling bestätigen kann, wenn die richtigen Komponenten dafür auch richtig zusammengesetzt sind. Der grundlegenden Idee dafür tut es keinen Abbruch, wie groß oder schön die einzelnen Exemplare geraten und aus welchen Materialien sie bestehen. Aber wenn bestimmte – unsichtbare! – Regeln, etwa was die Tragfähigkeit angeht, nicht eingehalten werden, bricht das Ding zusammen. Die unsichtbaren Ideen sind bestimmend, und die Meisterschaft des besten Schreiners besteht nicht darin, sie außer Acht zu lassen oder gar verändern zu wollen, sondern sie besonders ›elegant‹ einzuhalten und zu nutzen.

Es gibt also nicht nur die festen Pflöcke oder Leitplanken materieller Begrenzungen. Auch für die Komplexitätsentwicklung gibt es fixe Tatsachen, um die sich keiner herummogeln kann, unsichtbare Prinzipien, die gefunden werden MÜSSEN. Diese unsichtbare, vom Allerkomplexesten her aufgebaute Welt, auf die die sichtbare, immer komplexer werdende Welt schrittweise zuläuft, das noch zu erringende Unbekannte, von dem her alles bestimmt und gesteuert wird, das ist es, was Platon als ›Reich der Ideen‹ beschrieb und was die Religionen naiv ›Gott‹ oder ›Schöpfer‹, ›Mutter‹ oder ›Vater‹ nennen. Um dieses Rätsel, Geheimnis, dieses X (oder Ω, ›Punkt Omega‹, wie sich Teilhard de Chardin ausdrückte) nicht positiv mit unseren eigenen Projektionen zu besetzen, sollten wir neutral vom ›Steuerungssystem der Evolution‹ sprechen.

Die Evolution hat also ein Ziel, das freilich weit jenseits unserer Vorstellungen liegt; nur die Richtung können wir erkennen: höherer Grad der Organisation, Vernetzung, Komplexität. Komplexitätssteigerung ist der primäre, kontinuierliche Weg der Evolution. Diese ›Teleologie‹ (so nennt die Philosophie das Thema ›Entwicklung der Welt auf ein unbekanntes höheres und wirkmächtiges Ziel hin‹) wird durch die Überlebensfähigkeit des ›Primitiven‹ (d.h. zuerst Vorhandenen, Ursprünglichen, Zugrundeliegenden und Einfacheren) in keiner Weise widerlegt. Die weniger komplexen Systeme sind auch nicht im wertenden Sinne ›niedere‹ Lebensformen, sondern dokumentieren die Fülle an Wegen, Versuchen, Erfolgen einer Schöpfung, die mit maximaler Kraft und Kreativität zum Ω strebt. Zugleich markieren manche primitiven Strukturen auch Sackgassen, zu Ende gegangene, momentan nicht mehr steigerungsfähige Optionen.

Vonseiten der positivistischen Evolutionstheorie selbst wird übrigens argumentiert, dass die Komplexitätssteigerung, die es auf der Erde bei der Entstehung der biologischen Arten gab, unter gleichen Bedingungen, etwa auf einem fremden, erdähnlichen Planeten, ebenfalls so ähnlich, wenngleich wahrscheinlich auf anderen konkreten Wegen, stattfinden würde, ja geradezu müsste. Als Beispiel wird gerne das Augenpaar genannt, das in der Entwicklungsgeschichte mehrere hundert Mal unabhängig voneinander ›erfunden‹ wurde.

Aber was ist das denn anderes als ein moderner, durch Erfahrungswissenschaft unterfütterter Hinweis auf die Teleologie? Dass dieselben Autoren, die eine solche uhrwerkartige Notwendigkeit der Komplexitätsentwicklung darlegen, zugleich jede Teleologie und erst recht die Überordnung des Geistes über das Materielle von sich weisen, ist unlogisch und nicht nachvollziehbar.

Das Primitive wird es durch beständige Versuche und Irrtümer irgendwann doch schaffen, ins Komplexere zu ›springen‹. Das ist das Wunder der ›Emergenz‹ (= ›Auftauchen‹ des Höheren aus dem Niederen), der Erleuchtung, der plötzlichen Erkenntnis-durch-Erfahrung, wie ›es richtig geht‹ und was wohl die Wahrheit ist. Denn dass eine jeweils höherkomplexe Struktur immer schon unsichtbar vorhanden ist und es sie ›nur‹ zu finden gilt, lässt sich nicht erklären. Durch die Beobachtung, dass es so ist und so geschieht, durch das Sammeln unzähliger Fakten und Phänomene, ob durch Biologie, Chemie, Teilchenphysik oder Kulturgeschichte, wird die Evolutionstheorie zu einem einzigen Beweis für eine unsichtbare steuernde Macht: zum ›teleologischen Gottesbeweis‹ der klassischen Philosophie.

Das Geheimnis der Welt ist keine Sache der Vermutung, sondern erfahrbare Realität. Was die Religionen symbolhaft zu beschreiben versuchten, beruht nicht auf frommem Wunschdenken, sondern ist Wirklichkeit, ja es ist geradezu messbar. Es ist sogar ›nutzbar‹ in dem Sinne, dass wer im Vertrauen auf die bahnbrechende Macht der Evolution maximalistisch handelt, auch die Früchte eines Komplexitätssprungs ernten kann. Die alten Vorstellungen von Lohn und Strafe und vom Gottvertrauen sind eine Sache des Verstandes, nicht nur des Gefühls und erst recht nicht eines im Gegensatz zur Vernunft stehenden ›Glaubens‹, wie denn ›Glauben‹ ursprünglich keineswegs ›Meinen‹, ›Vermuten‹, also etwas Schwächeres als ›Wissen‹ hieß, sondern etwas Stärkeres: nämlich so sicheres Wissen, dass ich im Vertrauen darauf (im ›Glauben‹ = Sich-›An-Geloben‹) ein Wagnis eingehen und maximalistisch handeln kann.

Zusammenfassung

Mit der Unterscheidung der beiden Wege der Evolution,

- Wechselwirkungssteigerung durch Quantität (Größe, Kampfkraft, materielles Wachstum, schnelle/zahlreiche Reproduktion), durch Anstrengung, Durchhalten, Auskämpfen und
- Wechselwirkungssteigerung durch Komplexitätssteigerung (Kreativität, Information, Organisation, geistiges Wachstum), durch Auflösen von Engpässen und Konflikten,

lässt sich erklären, warum aus dem Evolutionsprozess einerseits eine Fülle von einfachen und einfachsten Lebewesen hervorging und seit Millionen Jahren überlebensfähig ist und andererseits dennoch gesteigerte Komplexität die generelle Richtung der Evolution ist. Aus der Begrenztheit alles Materiellen ergibt sich, dass die quantitativen Wege immer nur in einem bestimmten, z.B. durch die Menge der Ressourcen und der Konkurrenten begrenzten Maße weiterführen, so sehr sie notwendig sind, um der Höherentwicklung überhaupt eine materielle Basis zugrunde zu legen. Um den Grenzen des Wachstums zum Trotz die Wechselwirkung zu steigern, bleibt nur die Steigerung der Komplexität, die ihrerseits durch nichts begrenzt wird.

Mit diesen beiden Wegen lassen sich historische und politische Vorgänge der Vergangenheit erklären, insbesondere warum sich die Menschheit in den letzten Jahrtausenden auf den Weg des materiellen Wachstums, des Blutes und der Tränen begeben musste, um neue Lebensgrundlagen zu schaffen und aus dem Elend herauszukommen, warum dieser Weg aber irgendwann ein Ende haben muss, sodass der Weg der Kreativität und der Freiheit den Vorrang hat, so wie er das immer schon hatte und so wie die Kreativität seit jeher die auf dem Weg des Wachstums entstehenden Krisen immer wieder zu überwinden half (siehe Kapitel 4).

Die Unterscheidung der beiden Wege ist aber vor allem für die Zukunft wichtig (Kapitel 1). Denn in der aktuellen Situation wird immer noch der Weg der Mühsal propagiert (Kapitel 2 und 4), obwohl dieser, v.a. im letzten Vierteljahrtausend der Industrialisierung, längst jenes Potenzial an neuen Lebensgrundlagen herbeigeführt hat, zu dem die Menschheit einst aus Not aufgebrochen war. Dies könnte ihr eigentlich einen neuen ›Exodus‹, einen ›Auszug‹ in die Freiheit ermöglichen, um sich wieder ganz dem Spielerischen, Schöpferischen und Befreienden zu widmen – abgesehen davon, dass uns durch Umschalten vom mühseligen Rackern auf eine lustvolle Art der Leistung das Schicksal der Heuschrecken erspart bleiben könnte.

Aus der Unterscheidung der zwei Wege in der Evolution sind außerdem aktuelle politische Schlüsse zu ziehen (Kapitel 1). Wenn *materielles Wachstum* in der Evolution immer nur vorübergehend ist und wenn demgegenüber *kreatives Wachstum*, Vermehrung von Wissen und Fähigkeiten der kontinuierliche, ungehemmte Weg ist, dann ist genau diese der Evolution innewohnende Struktur in unserem politischen System nachzuahmen. Der notwendige Reformschritt besteht darin, durch selbstgesetzte menschliche Regeln unser materielles Wachstum zu bremsen und damit freiwillig und vorgreifend das zu tun, was die Natur, die Evolution, irgendwann auch von selbst machen würde, dann freilich auf unangenehme Weise – wie bei den Heuschrecken. Ein Versiegen etwa der Ölquellen und ein deshalb entbrennender Krieg aller gegen alle ist ein (bisweilen in Romanen und Filmen vorweggenommenes) realistisches Horrorszenario ebenso wie ein Überhandnehmen der Umweltvergiftung oder eine aus dem Ruder laufende Genmanipulation.

Sind wir es dagegen selbst, die mit unserem Subsystem namens Volkswirtschaft die materielle Expansion freiwillig bremsen, bevor es das uns übergeordnete System ›Universum‹ mit Gewalt tut, dann haben wir es in der Hand, diesen Brems- bzw. Rückkoppelungsvorgang menschlich zu gestalten, einen gleitenden Übergang zu finden und das bisher Erfundene, Geleistete und Aufgebaute ohne Verluste zu sichern. Wir müssen die Natur imitieren: Ressourcenverschwendung ›bestrafen‹ und kreative Leistung zur Einsparung von Ressourcen ›belohnen‹. Materielles Wachstum darf nicht weiterhin gleich behandelt und gleichermaßen prämiert werden wie Informationswachstum bzw. Kreativität. Wir müssen stattdessen einen unbestechlichen, alle gleich behandelnden Automatismus im Gesamten der ›unsichtbaren Hände‹ des Marktes installieren.

Die ökologisch-soziale Marktwirtschaft bzw. das oben in Kapitel 1 vorgestellte konkrete Modell hält für beides ein Instrument bereit: mit der Ressourcenbesteuerung ›bestraft‹ und begrenzt sie eine Expansion unseres Subsystems auf Kosten des Ganzen; mit dem Grundeinkommen ›belohnt‹ sie das ressourcensparende und mehr kreative Verhalten.

Nach dieser Ableitung der dynamischen ökologisch-sozialen Marktwirtschaft aus den *Evolutionsprinzipien* folgt nun ein Blick auf den Weg, den die Menschheit bisher gegangen ist; es folgt die Begründung, warum jenes Zukunftsmodell auch die *historisch* richtige Antwort ist.

Kapitel 4: Warum heute Rettung möglich geworden ist

Beginn des Wachstumszwangs in der Vergangenheit und Überwindung patriarchaler Zwänge in der Gegenwart

Die kurze Geschichte der Konflikte und der Knechtschaft

Eine dauerhafte Knappheit der Lebensgrundlagen, also das, was unsere heutige Situation prägt, kennt die Menschheit ›erst‹ seit etwa fünf bis sechs Jahrtausenden. Das heißt: Weder den sich aus dem Mangel ergebenden Wachstumszwang noch die ursprünglich aus den Religionen stammende, heute ›säkular‹ eingedrillte Wachstums- und Verzichts-Ideologie samt Versklavung-für-den-Aufbau gab es schon immer. Also – eine erste Schlussfolgerung – muss das Schlamassel auch nicht bis in alle Ewigkeit bestehen.

Fünf bis sechs Jahrtausende mögen ewig lang erscheinen; doch im Vergleich mit der Existenz der Zivilisation seit 12.000 Jahren, einer differenzierten Kultur seit ca. 50.000 Jahren und der Menschheit seit mehreren 100.000 Jahren ist das kurz. Wenn wir das Erschaudern vor dem scheinbar langen Zeitraum einmal ausschalten – so respektlos wie Astrophysiker mit Milliarden Lichtjahren Entfernung rechnen – wird uns Grundsätzliches bewusst. Wenn wir sehen, wie wir seit der Steinzeit allmählich in die Prägungen, in die kulturell bedingten kollektiven ›Muster‹ hineingekommen sind, die uns heute von der Nutzung der längst aufgebauten Mittel und Potenziale abhalten, sehen wir auch, wie wir wieder herauskommen können – bzw. hinein in ein **neues Zeitalter der überlebensfähigen Industriekultur**. Wenn wir erkennen, warum es ›not-wendig‹ war, das ganze Theater von Zwang und Unterdrückung zu veranstalten, welche Ursache der Wachstumszwang hatte und auf welches Ziel er hinauslaufen sollte, dann wird uns nicht nur klar, dass, sondern auch wie er zu beenden ist.

Dies ist nur möglich unter Bezug auf die Religion. Denn einmal beruht v.a. das Alte Testament auf einzigartigen Quellen, deren Erinnerung in die Zeit vor 5.000–6.000 Jahren zurückreicht, als gegen *Ende* der Jungsteinzeit der Wachstumszwang entstand, ja in diesem Zusammenhang wurde sogar eine noch ältere Erinnerung aufbewahrt: an die *Entstehung* der Zivilisation, ein Zeugnis über den Wandel von der Alt- zur Jungsteinzeit (Mesolithikum) um 10.000 v. Chr.

Zum anderen sind und waren die Weltreligionen die ideologische Legitimation des Wachstumszwangs, und sie waren zugleich die Institutionen für dessen Durchsetzung und Umsetzung bzw. für die Erziehung der Menschen zu Verzicht und Unterordnung.

Wie vonseiten der Soziologie seit Max Weber immer wieder nachgewiesen wurde, hält diese Prägung auch in der säkularen Welt an; die alten Denk- und Verhaltensmuster werden auch in der soundsovielten unkirchlichen Generation in ›säkularisierter‹ Form, d.h. scheinbar ohne religiösen Rahmen und scheinbar ohne theologische Begründung weitergegeben; dennoch wirken sich auch die konfessionellen Unterschiede weiterhin aus. Beim Resultat, dem wirtschaftlichen Erfolg, ist diese Fortdauer der unterschiedlichen konfessionellen Prägungen sogar messbar.

Nur ›*scheinbar* ohne Religion/Theologie‹ deshalb, weil sich die Frage stellt, ob die heutige säkulare Welt tatsächlich areligiös ist, oder ob Religion nicht einfach die faktische Gesamtheit der Orientierungen, Wertvorstellungen und Absolutsetzungen eines Menschen bzw. einer Gruppierung ist, das, wovon er/sie ›unbedingt‹ überzeugt ist (vgl. die Definition Tillichs[22]). In diesem Sinne wurde des Öfteren auch der Kapitalismus als eine Art Religion beschrieben, so z.B. von Karl Marx' Schwiegersohn

22 Tillich will von traditionellen Definitionen wegkommen und Gott bzw. den Gegenstand der Theologie ganz einfach und neutral verstehen als »das, was uns unbedingt angeht«. Vgl. Paul Tillich, Systematische Theologie I, Stuttgart (Evangelisches Verlagswerk) 1956, S. 19f.

Paul Lafargue.[23] Auch die modern-säkularen Dogmen und Muster, deren Verkündigungen man beim Einschalten des Fernsehers oder Aufschlagen der Zeitung verfolgen kann, sprechen für den religiösen Charakter unserer heutigen Ökonomie.

Die Säkularisierung lässt jene aus dem Religiösen stammende Muster faktisch ins Unbewusste abgleiten. Deshalb ist Aufklärung ohne Theologie und Geschichte gar nicht möglich.

Zum dritten beinhalten die religiösen Botschaften zugleich auch die Aussicht auf Erlösung von Not und Elend, die Hoffnung auf Befreiung von allen Zwängen, also ihre Selbstauflösung.

So ist eine ideologiekritische Untersuchung unserer heutigen Denk- und Verhaltensmuster einerseits immer auch eine kritische Analyse der Religionen. Andererseits steckt diese ›Kritik‹ d.h. ›Unterscheidungskunst‹, eben schon in den (Hoch-)Religionen selbst. So wird im Christentum unterschieden zwischen dem ›Gesetz‹ der Unterordnung und der ›Befreiungsperspektive‹ (traditionell: ›Evangelium‹); dies folgt dem Judentum, das auf der ›mosaischen Unterscheidung‹ (Jan Assmann)[24] zwischen Macht und Gott, Unrecht und Recht, Unterdrückung und Freiheit, Ideologie und Wahrheit beruht. Somit würde eigentlich die kritische Selbstüberprüfung zu den biblischen Religionen (Judentum, Christentum, Islam) und zu ihrem grundsätzlichen Programm gehören, die Menschen zur Überwindung von Engpässen und Konflikten und letztlich auch zum Wiederaufheben religiöser Zwänge zu bringen. Dass sie dies in der Realität geflissentlich unterlassen, ist nur vermachtungs-, nicht programmbedingt; es liegt nur am Selbsterhaltungstrieb ihrer Anführer und an der ›Vermachtung‹ ihrer (politischen) Nutznießer, nicht an ihrem Inhalt oder ihren ›Gläubigen‹.

Wenn wir sehen, wie und warum die heutigen Potenziale entstanden, wird uns ihr Sinn bewusst – ihr Sinn als künftige Instrumente zur Be-

23 Paul Lafargue: Die Religion des Kapitals, London 1890.

24 Jan Assmann: Die Mosaische Unterscheidung oder der Preis des Monotheismus, München (Hanser) 2004. Ders.: Moses der Ägypter. Entzifferung einer Gedächtnisspur, Frankfurt/M. (Fischer) 2004.

freiung von Mühsal und Plage, von Armut und Ungleichverteilung, von Ressourcenverschwendung und zerstörerischen Hinterlassenschaften der Zivilisation, als Mittel, nach Jahrtausenden des Ackerns und Säens endlich die Ernte einzufahren. Wir erkennen, dass unsere Zeit erneut vor der mosaischen Unterscheidung steht bzw. vor der Unterscheidung zwischen Gesetz und Befreiungsperspektive, wie Paulus sie betonte und Jahrhunderte später Martin Luther als aktuellen Hebel zur Revolution wiederentdeckte.

Fragezeichen hinter dem Geschichtsbild

Macht, Gewalt und Unterdrückung gelten dem heutigen Empfinden als normal und uralt. Sie waren aber keineswegs schon immer Bestandteil menschlicher Kultur. Nach allem, was die geschichtliche Forschung erkennen lässt, lebten die Menschen in den Jahrtausenden vor den antiken und altorientalischen Reichen bzw. vor dem 4. Jahrtausend v. Chr. friedlich und partnerschaftlich und brachten dabei bereits hohe Kulturen – mit Städten und Fernstraßen – hervor, aber noch keine Großreiche. Sie kannten schon Monumentalarchitektur und Schriften (wohl keine Lautschriften, sondern eher Piktogramme, wie sie unsere Zeit wieder auf Bahnhöfen, Flughäfen und Verkehrsschildern verwendet). Nur Machtordnung und Militär waren jenen frühen Kulturen offensichtlich fremd.

In unserem Alltagsdenken ist dieses Wissen allerdings nicht präsent. Die Zeit vor den bekannten frühen Großreichen (Mesopotamien, Ägypten: nach 3000 v. Chr.) gilt als diffuse ›Vorgeschichte‹ keulenschwingender Primitivlinge. Die ›richtige‹ Geschichte geht mit Sumerern und Babyloniern, mit Ägyptern, Griechen und Römern los. ›Steinzeit‹ dagegen ist ein Synonym für ›Rückständigkeit‹, ›gesetzloses Chaos‹, ›Mord und Totschlag‹. – In Wirklichkeit aber gab es in der Jungsteinzeit eine differenzierte, gut organisierte Gesellschaft, die über Städteplanung, amtlich kontrollierten Bergbau sowie vielfältige handwerkliche und medizinische Fähigkeiten verfügte – nur noch nicht über Festungsbauten und Mordwaffen.

Besonders friedlich müssen die Menschen der Altsteinzeit gewesen sein. Sie waren durch Hunger, Kälte und Hitze, Nässe und Trockenheit, Krankheiten und wilde Tiere bereits genügend bedroht und konnten sich Kämpfe überhaupt nicht leisten. In der Jungsteinzeit dagegen, in der Land bebaut und Siedlungen errichtet wurden (ab 10.000 v. Chr.), wird es hin und wieder zu Konflikten und zum Kampf zwischen Menschen gekommen sein, jedoch nur als Ausnahme, nicht als Dauerzustand. Vielmehr bestätigen die Ausgrabungen sagenhafte Erinnerungen an eine glückliche Vorzeit wie den antiken Mythos vom Goldenen Zeitalter oder die biblische Paradieserzählung. Die Hinterlassenschaften unserer friedlichen Vorfahren – vom türkischen Göbekli Tepe (Näheres anschließend) bis zum irischen Newgrange – sind z.T. so gewaltig, technisch und künstlerisch anspruchsvoll, dass sie unausrottbare Fragezeichen inmitten unseres gewohnten macht- und gewaltzentrierten Geschichtsbildes und Alltagstrotts darstellen.

Genau deshalb befassen wir uns damit. Denn wenn wir begreifen, dass *eine andere Welt* schon einmal *möglich war*, und wenn wir verstehen, aus welchen Gründen sie durch die uns vertraute Gewalt-Welt abgelöst wurde, dann werden wir auch sehen, dass unsere Epoche der Engpasskonflikte und Machtzentriertheit eine zu Ende gehende Epoche ist. Sie wird so verschwinden, wie sie einst aufgetaucht ist. Im Rückblick werden jene 5.000–6.000 Jahre eines Tages nur noch als tragische Übergangsphase in der schöpferischen Entfaltung menschlicher Kultur erscheinen und als Wimpernschlag in der (wie oben in Kapitel 3 bewiesen wurde) insgesamt mehr von Kreativität als von Kampf bestimmten Evolution.

Im Folgenden wird zuerst der **Geschichtsverlauf** selbst erzählt: die Entstehung der Zivilisation in Frieden und das tragische Ende jener frühen Epoche. Dann widmen wir uns den alten Zeugnissen über diese Ereignisse und ihrer nachträglichen **Uminterpretation** im Sinne des Macht-, Verzichts- und Unterordnungs-Denkens, das bis heute den Lauf der Welt weitgehend bestimmt.

Historische Grundlagen und ›Gründungsmythos‹ unserer Kultur

Schon seit vielen Jahrzehnten ist durch Ausgrabungen bekannt, dass der Anfang unserer Zivilisation, die jungsteinzeitliche Revolution, um 10.000 v. Chr. in Obermesopotamien stattfand. Sesshaftigkeit und das Errichten fester Häuser haben hier ebenso ihren Ursprung wie Ackerbau und Viehzucht. Durch jüngste Funde lässt sich der ›Startschuss‹ für das Ganze nunmehr sogar recht genau lokalisieren und konkret rekonstruieren.

Zuvor ist aber noch ein kurzer Blick in die Geschichte der vorausgehenden Epoche zu werfen: Die Menschen der Altsteinzeit (Paläolithikum), die als Jäger und Sammler lebten, haben seit etwa 50.000/35.000 v. Chr. immer deutlichere Spuren der Kultur hinterlassen: Grabbeigaben, ausgebaute und bemalte Höhlen, Kunst- und Kultgegenstände, z.B. Plastiken von Menschen/Göttern (?) und Tieren. Zwar war die gesamte Altsteinzeit – zumindest im Binnenland, abseits fischreicher Gewässer – eine Kultur des Unterwegsseins, des Ortswechsels. Dennoch gab es damals Gesellschaften, die längst nicht mehr ›primitiv‹, sondern von unterschiedlichen Trends und Strömungen geprägt waren sowie von einer Entwicklung zum Größeren und Komplexeren samt Rückmeldung des Ganzen an die menschliche Kultur, dass mehr Kooperation zu mehr Wohlstand und weniger Bedrohung führt. So kam es bereits auf der damaligen Bewusstseinsstufe, die als ›magisches Denken‹ bezeichnet wird, zu einem Aufschwung des Geistigen und zur Entwicklung der nächsten Bewusstseinsstufe, des ›mythischen Denkens‹, und zu erstaunlichen (bau-)technischen und organisatorischen Fähigkeiten.

Wie jene Geistigkeit (vorsichtshalber nicht ›Religion‹ genannt) aussah, können wir, mehr als zwölf Jahrtausende später, zumindest dahingehend beschreiben, dass ihnen jene andere, ›jenseitige‹, unsichtbare Ebene so wichtig war, dass sie den immensen Aufwand für den Bau von Tempeln, d.h. von für Alltägliches (aus materialistischer Sicht) funktionsloser Architektur betrieben.

Vieles spricht dafür, dass die ›jungsteinzeitliche Revolution‹ sogar erst durch die Errichtung eines ganz bestimmten Heiligtums, des ersten Großprojekts der Geschichte überhaupt, ausgelöst wurde: eine ganze Reihe kunstvoll ausgeschmückter Monumentalbauten, die zur Zeit gerade am Göbekli Tepe[25] nahe der südosttürkischen Großstadt (Şanli-)Urfa ausgegraben werden[26]. Es handelt sich im Wesentlichen um mehrere Rundtempel, die aus riesigen T-Blöcken bestehen und mit verschiedenen Figuren verziert sind. Mehrere Jahrhunderte lang wurde daran gebaut und die Anlage immer wieder erweitert.

Die auffälligsten Figuren sind Tiere allüberall auf den Stelen. Deutlich kann man z.B. hier einen Fuchs, da einen Leoparden wahrnehmen. Sodann fällt anhand abstrakt andeutender menschengestaltiger Reliefs auf den Stelen auf, dass diese jeweils einen riesigen, über die Tiere aufragenden Menschen symbolisieren. Stand dann das gesamte Rund – vielleicht im Originalzustand mit Holzkuppel oder Zeltdach versehen – für die Gottheit? Auf jeden Fall sah Klaus Schmidt dies als Beleg dafür, dass sich die Menschen nicht mehr als Teil der Tierwelt bzw. Natur verstehen, sondern als abgegrenzt und überlegen.

Weil die frühesten Spuren einer sesshaften Lebensweise nicht älter sind als die ersten Bauten dieser Tempelanlage und weil sie sich ganz in deren Nähe finden, liegt auch die Annahme nahe, dass das Heiligtum nicht im Rahmen einer bereits vorhandenen Sesshaftigkeits-Kultur ent-

---

25 Bericht des Ausgräbers über die monumentalen Funde und über den Forschungsstand zum genauen Ablauf der jungsteinzeitlichen Revolution: Klaus Schmidt: Sie bauten die ersten Tempel. Das rätselhafte Heiligtum der Steinzeitjäger. Die archäologische Entdeckung am Göbekli Tepe, München (Beck) 2006 = München (dtv) 2008.

26 Das Präsens ist langfristig gemeint. Im Augenblick (2019) ruht die ausgräberische Arbeit; wegen der Kriegsgefahr nahe an der Grenze zu Syrien haben die türkischen Behörden das Gelände zu sichern versucht, damit die wertvollen Monumente vor Bomben und Artillerie geschützt sind. Außerdem ist der Protagonist der Forschungen Klaus Schmidt 2014 viel zu früh verstorben. Seine letzten Bildinterpretationen sind festgehalten u.a. in einer 3Sat-Dokumentation von 2017 (https://www.youtube.com/watch?v=owVrsDLKEK4 Zugriff: 14.11.2019).

stand, sondern dass umgekehrt die Menschen, die mit dem Bau jener Tempelanlage begannen, die ersten waren, die auf die neue Lebensweise verfielen, und zwar *weil* sie sich um 10.000 v. Chr. entschlossen, den Tempel zu bauen. Erst das gigantische Bauvorhaben dürfte sie dazu motiviert haben, sesshaft zu werden – in einer Gegend, die das ermöglichte, weil sie damals unerschöpfliche Lebensgrundlagen bot: wildes Getreide, Nüsse, Bohnen und einen reichen Wildbestand. Indem sie für das Bauprojekt ihr gewohntes Umherstreifen aufgaben, ›erfanden‹ sie zufällig lauter Zivilisationstechniken, die prägend werden – und unbeabsichtigt der bisherigen altsteinzeitlichen Kultur den Todesstoß versetzen – sollten:

Die wichtigste Zivilisationstechnik war überhaupt die **Sesshaftigkeit**, d.h. der Bau fester Häuser und Siedlungen.

Hinzu kam die **Hege von Wildgetreidelandschaften**, d.h. organisierter Schutz der von einem Horizont zum nächsten reichenden Felder vor Wild. Von steinernen ›Natur-Acker‹-Einfriedungen, die man zugleich als Jagdhilfen bzw. Tierfanganlagen nutzen konnte, wurden sowohl in der Nähe des Göbekli Tepe als auch anderswo im Orient Reste ausgegraben.

Am Göbekli Tepe finden sich auch Anlagen, die der Verarbeitung geernteten Wildgetreides dienten: sowohl Bäckerei als auch Brauerei. Möglicherweise liegt darin die eigentliche Motivation und zugleich die Erklärung für die ›Spiritualität‹, die durch die Tempelbauten zum Ausdruck kommt: Wenn Jäger/Sammler sich – ohne deshalb im eigentlichen Sinne ›sesshaft‹ zu werden – längere Zeit in jener wildgetreidereichen Gegend aufhielten, könnten sie die verschiedenen Verarbeitungsmöglichkeiten des Getreides erfunden haben: zu Brot wie auch zu Bier. Vielleicht wurde die Trunkenheit als besonderer spiritueller Zustand erlebt bzw. durch Meditation, Trance oder/und Ekstase – alle drei Zustände sind mit Alkohol leichter erreichbar – zum ›Kult‹. Vielleicht war das die eigentliche Motivation, das monumentale Kult-Zentrum zu errichten: als einen Ort nicht nur der Spiritualität, sondern zugleich auch des fröhlichen Feierns und der Erholung vom mühsamen Jäger-und-Sammler-Alltag. Nach dem neuesten Forschungsstand ist die Brauerei, d.h. sind in den Boden einge-

lassene, als Braukessel dienende Bassins, noch älter als die Bäckerei![27] Es wäre auch logisch, denn woher hätte die Bäckerei sonst die Hefe bezogen, die ja für Weizenbrot unabdingbar ist? Nur der erst viel später zivilisierte Roggen ermöglicht Sauerteig (– der auf Milchsäuregärung beruht und Rinderzucht voraussetzt).
Weißbier als Startschuss unserer Zivilisation – das scheint wohl keine bayerische (oder Berliner) Phantasie zu sein, sondern historisches Faktum.

Doch nicht nur die pflanzliche Nahrung wurde gehegt, sondern auch das Wild; d.h. es fand eine gezielte, **auf Nachhaltigkeit bedachte Jagd** statt, bei der die Jung- und Muttertiere geschont wurden.

Von der (Wild-)Feldhege und Tierhege war später der Schritt zu echter Landwirtschaft, d.h. **Ackerbau und Viehzucht**, nicht weit. Nicht (wie sich das manche/r vorgestellt haben mag) in einem Gärtchen, sondern eher auf großen, von einer Siedlung zur nächsten, von einem Horizont zum anderen reichenden Feldern wurde allmählich die nächste Umwälzung entwickelt: nicht nur Einzäunen, sondern auch Pflügen von Feldern, nicht nur Ernten, sondern auch Säen, nicht nur gezielte, nachhaltige Jagd, sondern auch Tierhaltung.

Sobald Ackerbau und Viehzucht erfunden waren, breiteten sich diese neuen Techniken schnell aus. Jetzt konnte man auch andere Zonen als Obermesopotamien besiedeln, jetzt konnte man/frau auch mit geringerem Organisationsaufwand, z.B. in einem kleineren Dorf oder Einzelgehöft, den Wohlstand erheblich steigern. Damit war die Zivilisation entstanden und nahm die Ausbreitung des siedelnden, bauenden, die Erde beherrschenden Menschen ihren unaufhaltsamen Lauf. Jene einschneidende, als jungsteinzeitliche Revolution bekannte Neuerung war der erste technologische Schritt, der zu einer erheblichen Erleichterung menschlichen Lebens führte – und zu einer sprunghaften Vermehrung der Menschen. Das wird, wie wir noch sehen werden, zum Problem werden bzw. in Engpässe und Konflikte führen. Freilich erst nach sechs bis sieben Jahrtausenden großen Erfolges und vielfältiger Weiterentwicklungen.

---

27 In diese Richtung geht u.a. Harald Haarmann, Vergessene Kulturen der Weltgeschichte, München (Beck) 2019, S. 39.

Die Region, in der diese Erfindung gemacht wurde, liegt, wie gesagt, nahe (Şanli-)Urfa, nahe dem erloschenen Vulkan Karaçadağ. An dessen Hängen findet sich bis heute wildes Einkorn (eine Ur-Weizenart), um den Berg herum gibt es besonders viele Spuren des spätesten Jungpaläolithikums (Zivilisation ohne Landwirtschaft) und des frühesten Neolithikums (mit Landwirtschaft), also Spuren der bisweilen auch ›Mesolithikum‹ genannten Übergangsphase.

Diese Region liegt am Oberlauf von Euphrat und Tigris. Sumerische Mythen geben die dortigen Berge als Heimat des Getreides, des Schafs, der Webkunst und des ältesten Geschlechts namenloser Götter an[28]. Auch nach der biblischen Schöpfungserzählung wird der ›Garten in Eden‹ am Ursprung von Euphrat und Tigris lokalisiert[29]. Damit haben wir gleich zwei Belege dafür, dass es noch in späterer, historischer Zeit eine Erinnerung an die epochemachende Innovation und vielleicht sogar an das alte Heiligtum gab.

Nun beinhalten die antiken Paradies-Mythen aber auch immer Berichte vom Verfall der schönen Welt. Die biblische Paradieserzählung sagt sogar, schon die erste Generation sei in Sünde gefallen und deshalb aus Eden vertrieben worden – kurz nachdem Gott den Menschen in den Garten in Eden gesetzt habe, ›damit er ihn bebaue und bewahre‹ (1.Mose 2,15). Ähnlich die Sage vom *Goldenen Zeitalter,* wie sie z.B. in Ovids Metamorphosen überliefert wird.

Die Sozialgeschichte sagt genau das Gegenteil: Mit dem Neolithikum ging so etwas wie ein Sich-Wohlfühlen der Menschen erst einmal los; durch weitere Innovationen (Keramik, Textilien, Heiztechnik, ...) steigerte es sich allmählich. Was also soll die Vertreibungserzählung?

28 Klaus Schmidt, Sie bauten die ersten Tempel (vgl. o. Anm. 23), S. 220f.

29 ›Eden‹ ist ein sumerisches Wort, das ›trockenes Land‹ bedeutet (also gerade nicht ›paradiesischer Garten‹); doch damit ist nicht ausgeschlossen, dass, ähnlich wie z.B. beim deutschen Wort ›Heide‹, der Allgemeinbegriff auch Name einer konkreten Lokalität war. Zudem könnte ein Gebiet gemeint sein, das früher fruchtbar war, in späterer Zeit aber ausgetrocknet ist. Oder es handelt sich um ein fruchtbares Gebiet in Eden, d.h. eine Oase im Trockenen.

Die Erzählung am Anfang der Bibel zieht zwei völlig verschiedene historische Ereignisse, zwischen denen sechs bis sieben Jahrtausende liegen, auf eine einzige Menschheitsgeneration (›Adam und Eva‹) zusammen! Auf diese simple und gut begründbare These ist, soweit ich sehen kann, seltsamerweise noch niemand gekommen[30]. Aber wenn man dies im Auge hat und die Unterscheidung beider Daten im Hinterkopf behält, den Beginn der Ackerbaukultur in Eden um 10.000 v. Chr. und das Ende der friedlichen Jungsteinzeit im 4. Jahrtausend bzw. den Beginn machtbestimmter Großreiche nach 3000 v. Chr., dann bieten die ersten Kapitel der Bibel plötzlich eine Fülle von aufschlussreichem historischem Material, eine lebendige Illustration dessen, was der Spaten der Archäologen zutage gefördert hat. Zugleich können wir auch dem entscheidenden Punkt, den Fragen, die uns heute unter den Nägeln brennen, näherkommen: Woher kommen unsere Konflikte, und gibt es eine Möglichkeit, Konflikte und Machtstrukturen wieder aufzulösen?

Wenn es der vorderorientalischen Bevölkerung mit ihren Sagentraditionen möglich war, die einstige Sesshaftwerdung jungpaläolithischer Jäger am Oberlauf von Euphrat und Tigris über neun Jahrtausende hin korrekt im Gedächtnis zu behalten, so wird das für die weitaus jüngeren Ereignisse, die den ›Sündenfall‹ und die daraus folgenden Katastrophen betreffen, noch viel mehr gelten. Um 1.000 v. Chr., der Entstehungszeit der ältesten Erzählquelle des AT, lag dies erst zwei bis drei Jahrtausende zurück.

Die Erzählung vom ›Sünden-Fall‹, historisch gesehen

Wir können in der ›Sündenfall-Erzählung‹, die die jüdische, christliche und islamische Welt so sehr geprägt hat, den ›Gründungsmythos‹, den

30 Stattdessen versteigen sich die Sündenfall-Deuter aller Zeiten, ob theologische Systematiker oder areligiöse Historiker, lieber in die absurdesten Widersprüche und steilsten Behauptungen, vom totalen Kulturpessimismus bis zum genauso falschen Gegenteil aufgrund der Ablehnung bzw. Abwertung der Erzählung 1. Mose 2.3.

›Quellcode‹ unserer von Konflikten und Macht bestimmten Kultur sehen, den Schlüssel zum Verstehen unserer selbst! Vielleicht bietet er uns zugleich sogar Hinweise, wie unsere Konflikt-Epoche wieder abzuschließen ist.

Das könnte grundlegend sein, nicht nur für die Suche nach einer anderen Gesellschaftsordnung bzw. einer überlebensfähigen Industriekultur, sondern auch in religiöser Hinsicht. Um dafür zu einer Erklärung zu kommen, seien im Folgenden auch biblische Stellen genannt bzw. zitiert. Hier geht es nicht um die Vermittlung von ›Glauben‹, sondern lediglich um die ›Aufklärung‹, wie in unserer Kultur welche (patriarchale, machtzelebrierende) Haltung, bzw. aus heutiger Sicht: Verirrung entstanden ist. Wir widmen uns den konkreten Texten immer mit der doppelten Fragestellung vor Augen: Wie ist das heutige technische und Wissens-Ensemble entstanden, und wodurch wurde unsere Kultur auf Unterordnung-zur-Mangelverwaltung und Verzicht-für-Wachstum getrimmt? – Auf diese Weise wird Theologie der Vereinnahmung durch die Kirchengläubigkeit entrissen und zu einer allgemein zugänglichen, von der persönlichen Weltanschauung unabhängigen Wissenschaft.

Die Jungsteinzeit war, wie schon die Altsteinzeit, zunächst von Frieden und Partnerschaft geprägt – abgesehen von Ausnahmen. Zusätzlich erlebte gerade die Jungsteinzeit so etwas wie einen ersten Wohlstand, und erst das machte sie zu einem wahren Paradies. Sieht man die großen neolithischen Bauernhäuser, die aufgrund der zahlreichen Spuren auch in unseren Breiten rekonstruiert werden konnten, betrachtet man die weiten Handelswege für den begehrten Werkstoff Hornstein (Flint, Feuerstein) und dessen planmäßigen, von Steigern kontrollierten Abbau, lässt man sich durch die T-Blöcke am Göbekli Tepe, durch die Kalenderanlagen von Newgrange (Irland) und andere Überbleibsel der ›Megalithkultur‹ beeindrucken, dann kann man über den hohen Grad an Know-how und Organisiertheit jener Zeit nur staunen.

Diese lange Epoche, in der sich Wohlstand und Frieden einigermaßen vertrugen, ging aber im 4. Jahrtausend unter. Im 4. Jahrtausend nehmen die Waffen und Festungsbauten sprunghaft zu, wie man durch viele Ausgrabungen weiß.

Was ist passiert? Bieten die Aussagen der Bibel hierfür eine Illustration?

Wer genau versperrte Adam und Eva den Zugang zu ihrem ehemaligen Garten? – *Kerubim mit blitzenden Schwertern* (1.Mose 3,24). ›Kerub‹, später als eine Art Engel gedeutet, kommt vom semitischen Wortstamm k-r-b, der – wie ein Blick ins arabische (= ursemitische) Wörterbuch zeigt – ›unterdrücken‹ heißt. Es wird also keineswegs von lieblichen Weihnachtsengelchen berichtet. Gegen Ende der glücklichen Jungsteinzeit erfand der Mensch die Metallerzeugung: erst Kupfer, dann Bronze, schließlich Eisen. In den Konflikten des vierten Jahrtausends waren *Unterdrücker mit Metallwaffen* den Steinaxtschwingern natürlich überlegen. Doch das Metall allein kann nicht das Ende des Friedens eingeleitet haben; dessen Gewinnung war zunächst eine der vielen Innovationen des Neolithikums, sie war nur eine von vielen Entwicklungen auf dem Gebiet des Handwerks und vorindustrieller Großbetriebe, ein technischer Fortschritt, der sich mit der partnerschaftlichen Gesellschaftsordnung zunächst bestens vertrug. – Aber warum gab es auf einmal Konflikte? Und gab es zuvor wirklich keine?

Diese Frage lässt sich durch eine Überlegung beantworten, die so einfach ist, dass man sich wieder nur wundern kann, warum sie nicht zur besseren Einordnung historischer Phänomene gängig und verbreitet ist: **Konflikte gibt es nur bei Engpässen.**

Seit der Sesshaftwerdung, seitdem Menschen überhaupt Land besiedeln und besitzen, sind bewaffnete Kämpfe Mensch gegen Mensch nachweisbar. Die Neolithiker, vielleicht auch die Siedler von Eden, waren nicht ganz so friedlich wie die Jäger und Sammler des Paläolithikums. Nur: Vor dem vierten Jahrtausend waren gewaltsame Auseinandersetzungen eher die Ausnahme; sie waren auf bestimmte Zeiten und Räume beschränkt. Das Hauen und Stechen begann immer nur dann, wenn eine Region übervölkert war, und es war deshalb vorübergehend, weil es weltweit genügend unbesiedeltes fruchtbares Land und damit Ausweich- und Auswanderungsmöglichkeiten gab. In aller Regel aber konnten die Menschen die Normalität, die traditionell friedliche, partnerschaftliche Gesellschaftsordnung fortführen.

Doch der neue Wohlstand durch Landwirtschaft, Vorratshaltung und beheizbare Häuser ließ die Jungsteinzeitler sich ungebremst vermehren und innerhalb der folgenden Jahrtausende über die großen Kontinente Eurasien-Afrika und das infolge der Eiszeit über die Beringstraßen-Landbrücke damit verbundene Amerika verbreiten. Dort, wo sich das Know-how ausbreitete bzw. auf andere Paläolithiker übersprang und sie zu Neolithikern machte, kam es bald zu ähnlichen Entwicklungen. Und so waren die meisten komfortablen Siedlungsräume irgendwann gefüllt, insbesondere das Ursprungsgebiet, der Nahe Osten. Dort, in der Wiege der Zivilisation, die natürlich die höchste Bevölkerungsdichte hatte, wurde alles durch einen zusätzlichen Faktor immer schlimmer: Seit dem Tiefpunkt der letzten Eiszeit um 15.000 v. Chr. haben wir eine beständige Klimaerwärmung. Wo einst der Garten in Eden war, ist heute Halbwüste! Auch hierzu, zur katastrophalen Not im Orient infolge von Austrocknung und Übervölkerung, gibt es doch zahlreiche Notizen in den ersten Kapiteln der Bibel.

Jetzt musste man/frau sich etwas einfallen lassen. Manchen Männern fiel der Kampf ein. Oder die Rationierung der begrenzten Ressourcen: durch Gesetze oder durch eine Machtordnung, die festlegte, wer die fetten Böden besaß und wer die mageren Wiesen. Dieses grundlegende, umfassende neue Denk- und Verhaltensmuster nennt man ›Patriarchat‹, d.h. der *Pater*, gr./lat. Vater, ›herrscht‹ über Frauen und Kinder, und der stärkere, mächtigere Mann herrscht über den Schwächeren, macht ihn zum ›Hintersassen‹, Gefolgsmann, Tributpflichtigen oder gar zum Sklaven. – Und vorher?

Paradies – Neolithikum – Matriarchat: Wie die frühe Gesellschaft funktionierte

Vor dem Absturz der zivilisierten Menschheit in die Dauerkonflikte galt folgendes als normal: Man/frau brauchte kaum Gesetze, man/frau hatte ja genug, vielleicht klärte man/frau in der Dorfversammlung, wer für welchen Acker oder welche Tätigkeit zuständig war, betrieb aber eher

›Allmendewirtschaft‹, wie sie sich bis ins 20. Jahrhundert vereinzelt noch erhalten hatte, ackerte, säte und erntete also gemeinsam. Die Städte, die man aus jener Epoche ausgegraben hat, lassen auf eine hochstehende Kultur bei geringen Rangunterschieden schließen; in Çatal Höyük (ca. 7000 v. Chr.; bei Konya, eine Stadt ohne Festungsmauer) etwa sind alle Häuser gleich groß. In mesopotamischen Städten vor 3000 v. Chr. fand man auch Reste von großen Gebäuden, die aber offensichtlich Verwaltungs- und Versammlungszwecken dienten, nicht als Königspaläste.

Welche Kinder von welchem Vater waren, war unerheblich; definiert waren Haus, Hof und Familie natürlicherweise durch die Frau, die die Kinder geboren hatte. Die ganze weite Erde, die durch ein andauerndes Wunder ständig neue Lebewesen hervorbringt, galt als die ›Große Mutter‹, und nach Vollendung des Lebens wurde man wie eine reife Frucht in deren Schoß gelegt, um eines Tages in anderer Form wieder aus dem *einen* Uterus emporzusprießen. Da alles Leben von einer Mutter kommt, bildete man/frau den Menschen hauptsächlich als Frau ab, ebenso das Göttliche, die Wunderkraft, die Große Göttin. Plastiken, die man aus der jüngeren Alt- und der Jungsteinzeit gefunden hat, zeigen in der Mehrzahl Frauen, vereinzelt aber auch Männer, Paare, Mütter mit kindlichem Sohn auf den Knien oder mit Sterbendem im Schoß, also das, was später in der christlichen Kunst Madonna bzw. Pietà genannt wird. Auch im Bildmotiv ›Krönung Mariens‹, bei der ›Vater‹ und ›Sohn‹ die Gottesmutter dienend flankieren, lebt ein uraltes Motiv der Großen Göttin fort. – Natürlich ist nicht auszumachen, ob die steinzeitlichen Skulpturen menschliche oder göttliche Wesen abbilden. Die Vorstellung von einer Erd-Mutter war weit entfernt von dem, was wir uns unter ›Gott‹ oder ›Religion‹ vorstellen, denn schon das Sich-Vorstellen ist etwas Neues, auf der späteren mentalen Bewusstseinsstufe Beruhendes. Die Neolithiker brauchten sich die Erdgöttin gar nicht vorzustellen, sie erlebten sie ja täglich, fassten sie und ihre Gaben unablässig an, bearbeiteten ihren Körper mit Pflug oder Spaten. Auch wenn eine unsichtbare, göttliche Kraft in allen Dingen wahrgenommen wurde, allein schon weil man/frau sich dessen bewusst war, die Vitalität nicht selbst herstellen und gewährleisten zu können, war es doch eine auf Erde und Natur (-Kräfte), auf die Mutter-Mater-›Materie‹ fixierte Religion/Wissenschaft/Kunst: Jene drei Hauptgebiete der Kultur bildeten noch eine Einheit. Der/die Priester/in war auch Arzt/Ärztin, Wetterkundige(r), Psychologe/in usw., und er/sie war zugleich Regisseur/in gespielter wie realer ›Dramen‹ (= Handlungen), war Dirigent/in und Maler/in bzw. Lehrer/in für alles.

Das Wissen über den bäuerlichen Jahreskreis wurde in Erzählungen weitergegeben. Mythen waren die Informationsträger, und Informationsveranstaltungen liefen in einer Form ab, die wir aus heutiger Sicht als ›Ritual‹ bezeichnen. Zugleich aber waren sie so ›drastisch‹ (handlungsbetont), dass es wiederum den uns gewohnten Rahmen religiöser Rituale sprengt; sie waren mehr als nur die uns vertrauten Andeutungen und Symbolhandlungen. Mit jenen Ritualen wurde z.B. Fruchtbarkeit nicht nur erklärt, sondern auch real verwirklicht: ›Satyrspiel‹, ›Komödie‹ (Dorf-Gesang), ›Tragödie‹ (Gesang des Bocks, d.h. des das Göttliche, Fruchtbar-Geil-Phallische symbolisierenden Tieres), ›Bacchanal‹, ›Orgie‹ sind Begriffe für öffentliche Liebesakte, die seinerzeit als heilige, weil Leben stiftende Handlungen galten. Auch *Adam und Eva*, so heißt es, *waren nackt und schämten sich nicht* (1.Mose 2,25). Prüderie hat sich erst später im Zuge des Patriarchats, des Ich-Bewusstseins und der Rationalität entwickelt. Erst aus jener Perspektive bekamen die früheren bzw. in bestimmten Regionen bis in die klassische und späte Antike weitergepflegten ›Fruchtbarkeitskulte‹, ›Mysterienkulte‹ und ›Orgien‹ den uns geläufigen ›schmuddeligen‹ Beigeschmack, wurden sie verteufelt, wurden die heilenden, Leben stiftenden Vorgänge zur ›Tempelprostitution‹ oder zum ›Sündigen unter den Bäumen‹ (1.Kö 14,23f.) herabgewürdigt.

Jene vorgeschichtliche Denk- und Lebensweise, die durch die historische Forschung seit ca. 200 Jahren wieder ans Licht gekommen ist, wird als ›Matriarchat‹ bezeichnet. Das meint keine ›Herrschaft der Mütter‹, sondern nur einen ›hohen Rang von Frauen‹. Der zweite Teil des aus griechischen Bestandteilen zusammengesetzten modernen Kunstwortes, *Archè*, heißt ursprünglich nur *Anfang, Vorrang*. Die uns vertraute Bedeutung *Herrschaft* ist erst daraus abgeleitet. In jener Ordnung, an die viele

Sitten und Gebräuche in den verschiedensten Kulturen und Erdteilen bis heute erinnern (z.B. die matrilokale Hochzeit, d.h. Einheirat des Mannes in die Familie der Frau auch in ansonsten patriarchalen Kulturen), hat die Menschheit weitaus länger gelebt als unter dem Patriarchat, das damit eher als ein Ausnahmezustand erscheint, als das mittlere Alter, das durch (Wieder-)Herstellung, Wiedergeburt, Renaissance ursprünglicher Verhältnisse zu überwinden ist.

Doch um uns in dieses »dazwischen hereingekommene« (Röm 5,20) Patriarchat und sein Gesetz genau hineinzudenken, sehen wir jetzt, wie die historischen Erinnerungen umgeschrieben und umgedeutet wurden – vordergründig um das Patriarchat zu zementieren, hintergründig mit dem Hintergedanken, dass nur durch Unterordnung und Verzicht allmählich die Voraussetzungen geschaffen werden, um die Dauerengpässe der Menschen aufzulösen und damit auch Patriarchat, Kasernen und Sklaverei wieder überflüssig zu machen. Nur wenn wir uns auf diese um die Ecke gedachte Strategie – traditionell: auf die ›Verheißungen‹ göttlichen Lohns für Unterordnung, Verzicht und Anstrengung – einlassen, kommen wir zu einem angemessenen Verständnis traditioneller christlicher und anderer religiöser Lehren, zu einer aktuellen Bewusstmachung und Kritik der *Heiligen Schriften*. Nur mit einem Verständnis für die Funktion solcher Lehren in der Vergangenheit gelingt dann auch die Auflösung der gemeinhin unbemerkten (›säkularen‹) Nachwirkungen dieser Lehren in der Gegenwart.

Verstecken und Verteufeln gefährlicher Erinnerungen

Als die Katastrophe perfekt war, als sich die Menschheit über das Maß der Lebensgrundlagen hinaus vermehrt hatte, gab es keinen Weg mehr zurück hinter den Mangel an Wasser und fruchtbarem Boden. Es gab aber noch die Erinnerung samt dem Wunsch nach einer Wiederkehr der guten alten Zeit. Das konnte zum Problem werden.

Wir sahen, dass es auch 2.000 bis 3.000 Jahre nach jenem Absturz in die Dauerengpässe und Dauerkonflikte, noch in der ›geschichtlichen‹ Zeit der Großreiche und des Patriarchats Erinnerungen an die frühere friedliche Zivilisation gab. Dadurch gab es die dauerhafte Gefahr, dass kurzsichtige Menschen dem verständlichen Wunsch nach einem einfachen und schnellen Weg zurück erlagen bzw. gewiefte Verführer sich dies zunutze machten, d.h. dass es zur breiten Verweigerung des notwendigen Diensts und Verzichts kam. Somit musste sich ein ideologischer Überbau bilden, der die Erinnerungen an das Paradies dämpfte, marginalisierte, uminterpretierte, umwertete und zugleich zur gewissenhaften Unterstützung des mühseligen Millennien-Projekts *Schaffung neuer Lebensgrundlagen* erzog. Oder nüchterner: Nur jene Kulturen, Völker oder Reiche hatten im Konkurrenzkampf eine Chance, die über eine entsprechende geistige Lehre verfügten, über ›Spanische Stiefel‹, in die die Freiheit des Denkens eingeschnürt wurde (Goethe), um die realpolitische Kasernierung der Gesellschaft zu legitimieren.

Eine jener Lehren war das, was Katholiken und Protestanten, nicht jedoch der Ostkirche, den Juden und Muslimen, als ›Erbsündendogma‹ bekannt ist. Es ist eine bestimmte (Um-)Deutung des soeben aus historischer Sicht dargestellten Sündenfalls, und es besagt, dass die Menschheit von Anbeginn in Sünde, getrennt von Gott (Geist, Wahrheit, Idealität) lebt, dass diese grundsätzliche Entfremdung seit dem ersten Menschenpaar auf die jeweils nächste Generation vererbt wird, dass deshalb jedes Kind ›in Sünde‹ geboren wird, noch bevor es überhaupt etwas Gutes oder Böses tun kann. Eine Erlösung ist nur jenseitig, nur nach dem Ende der Welt, nicht aber hienieden im Diesseits möglich. Nur ein übernatürlicher Eingriff Gottes im ›Weltgericht‹ am ›Ende der Welt‹ (auch dies ist eine nachträgliche Interpretation!) kann die Erbsünde aufheben und dem Menschen die Möglichkeit schenken, wieder sündenfrei zu leben.

Die ersten Ansätze zu einer solchen Umdeutung finden sich schon in der Bibel selbst, eben indem der Sündenfall in die erste Generation der ›Siedler-von-Eden‹ vorverlegt wird, die darüber hinaus auch noch zur ersten Generation der Menschheit überhaupt gemacht wird. Damit ist die Bibel einerseits eine der wenigen Quellen, durch die alte Erinnerungen an die paradiesische Urzeit aufbewahrt sind, andererseits macht sie zugleich die erregende Botschaft von einem ›sündenfreien‹ Dasein zu einer unbedeutenden Episode am Anfang der Welt.

Wie kam der biblische Erzähler dazu, beides, Schöpfung und Vertreibung, in dieselbe Generation zu verlegen? Dieser Erzähler, der wohl um 1000 v. Chr. zur Zeit König Davids geboren wurde und unter König Salomo lebte, sammelte mündliche Sagen über die Urzeit, die alte historische Erinnerungen enthielten. Er ist ein kritischer Begleiter des Patriarchats.

> Dieser Schriftsteller – die alttestamentliche Wissenschaft nennt ihn ›Jahwist‹ (J)[31] – war Zeitgenosse, wenn nicht gar identisch mit dem Verfasser einer ebenfalls im Alten Testament erhaltenen zeitkritischen Sammlung der Geschichten vom Aufstieg eines Hirtenknaben zum skrupellosen Machthaber, vermutlich weitgehend vollständig überliefert in 1./2. Samuel. – Wer sich jene Zeit vorstellen will, lese Stefan Heyms Roman DER KÖNIG DAVID BERICHT, der auf wissenschaftlicher Grundlage und zugleich mit viel Humor eine spannende Geschichte erzählt.

Einerseits kennt und schildert dieser Erzähler den Menschen als kriegerisch, hinterhältig und machtbesessen; kein Wunder also, dass er meint, nur eine einzige Generation habe das Paradies erlebt. Andererseits steht er natürlicherweise auf patriarchaler Seite, weil man sich zu seiner Zeit eine andere Gesellschaftsordnung gar nicht mehr vorstellen konnte. Im Gegenteil, die Erkenntnis, dass eine Wiederauflösung der Engpässe und damit der Konflikte der Menschheit nur durch eine übergroße Anstrengung, nur durch einen patriarchal-asketischen Parforceritt zu überwinden seien, die-

---

31 Ich folge damit der ›Neueren Urkundenhypothese‹ Julius Wellhausens (1844–1918), wonach in den ersten Büchern des AT (1.–5. Mose, vielleicht auch Josua und Richter) fortlaufend drei ursprünglich selbständige Quellen verwoben sind, wobei 5. Mose (‹Deuteronomium›) im Kern durch eine vierte, ›deuteronomistische‹ Quelle (mit eigenem komplexen Entstehungsprozess) geprägt ist. Mir ist bekannt, dass sie neuerdings immer wieder bestritten wurde; hier ist aber nicht der Ort, sich im Einzelnen mit den Argumenten bzw. Belegen auseinanderzusetzen, die jenen jahrzehntelangen Konsens der alttestamentlichen Wissenschaft angeblich widerlegen.

se Vision, die man auf den Einen unsichtbaren Erlöser-Gott Jahwe projizierte, ließ die Nomaden-Einwanderer-Eroberer-Herrscherschicht Israels bei der unterworfenen bäuerlichen Bevölkerung deren Rest-Matriarchat immer kritischer sehen. Das ist die Erklärung dafür, warum der Gott des Exodus und der Befreiung zugleich ein unerbittlicher, intoleranter Patriarchen-Gott ist. Das ist wichtig, um hieraus, was die Aktualität angeht, keine falschen Schlussfolgerungen zu ziehen. Die Unterscheidung zwischen Exodus, Freiheitsstreben, Heilsverheißungen einerseits und zeitbedingtem Patriarchat andererseits ist dieselbe wie die Unterscheidung des Paulus und der Reformatoren zwischen Befreiungsperspektive (›Evangelium‹) und ›Gesetz‹.

Das Bewusstwerden des einzigartigen, rettenden unsichtbaren Gottes war seinerzeit im ersten Jahrtausend v. Chr. verbunden mit einem kämpferischen Vorgehen gegen das Beharren auf einer aus damaliger Sicht unterentwickelten Bewusstseinsstufe, gegen eine Vielheit sichtbarer Göttinnen und Götter, v.a. aber gegen die ›Unzucht‹: in den Tempeln und unter den Lebens-Symbolen der Muttergöttin, den grünen Bäumen (1.Kö 14,23f.). – Die kanaanäische Bevölkerungsschicht dagegen hielt an ihrer Tradition fest, nicht weil sie so ungläubig gewesen wären, sondern weil sie immer noch ›Erdmutter-gläubig‹ waren und ihrer gewohnten Lust (die eben nicht als ›böse‹ oder ›schmutzig‹ galt) folgten. Das bekämpften die Propheten. Umso auffälliger ist, wie viele, z.T. detaillierte Erinnerungen ans matriarchale Paradies trotz der patriarchalen Prüderie überall durchblitzen in dem aus mündlichen Erzählungen geformten schriftlichen Bibeltext. Wenn wir einige davon im Folgenden noch einmal rekapitulieren, dann um beidem auf die Spur zu kommen: dem matriarchalen Ursprung und der patriarchalen Uminterpretation.

Mutter allen Lebens – Baum – Schlange

›EVA‹ kommt vom Wort für ›Leben‹ und wird als ›Mutter allen Lebens‹ gedeutet (1.Mose 3,20); diese positive Erklärung steht ganz im Widerspruch zur Bestrafung und negativen Bewertung des Verhaltens Evas. (1.Mose 3,16).

Die positive Bewertung ist indes ursprünglich. Die Erzählung, aus der ein ›Sündenfall‹ gemacht wurde, beruht auf einem harmlosen, nichts Tragisches beinhaltenden Mythos über die Muttergottheit. Bestätigt wird dies in der sich anschließenden Erzählung von Kain: *Adam bekam seine Frau Eva zu spüren, und sie wurde schwanger und gebar den Kain (= Gewinn) und sprach: »Ich habe einen Mann ›gewonnen‹ mit Hilfe Jahwes.«* (1.Mose 4,1) Das reimt sich folgendermaßen zusammen: Eva heißt im Original ẖäwwa^{h} und ist abgeleitet aus der Wortwurzel ẖ-w-h, die in einem alten Stadium des Hebräischen ›leben‹ heißt (klassisch: ẖ-j-h). Der Name des AT-Gottes lautete jähwä^{h}, bedeutet ›Er ist‹ und ist abgeleitet aus der Wortwurzel h-w-h, die in einem alten Stadium des Hebräischen ›Sein‹ heißt (klassisch: h-j-h bzw. jihjä^{h} für ›er ist‹). – Dass die beiden so ähnlich lautenden Verben ẖwh und hwh mit den beiden so ähnlichen Bedeutungen ›leben‹ und ›sein‹ miteinander eng verwandt sind, liegt auf der Hand.

›Hawah‹ gebiert ein Kind dank ›Jahwäh‹. Dieser Gottesname (der Seiende, Lebendige), für den in der Bibelübersetzung ›der Herr‹ steht, ist eigentlich die männliche Ableitung aus dem einfacheren Namen der Göttin! Die Göttin und ihr ›Heros‹ feiern ›heilige Hochzeit‹[32]!

Weitere Zeichen für die frühere matriarchale Religion sind der ›Baum des Lebens‹ und der ›Baum der Erkenntnis‹, von dem die Menschen essen, die sprechende Schlange, ein göttliches Tier: gefährlich und zugleich wissend, Göttliches offenbarend.

Typisch matriarchal ist sodann, dass die Frau dem Mann einen lebensförderlichen Tipp gibt, nämlich wie er göttlich werden, göttliche Kraft bekommen kann; was soll daran schlecht sein?

Doch plötzlich bzw. aus der patriarchalen Rückwärts-Perspektive galt all das als ›böse‹: das Essen der Früchte der Erkenntnis bzw. Leben spendenden Bäume, sich mit magischen Schlangen abzugeben. Vor allem aber wird Adams Bestrafung damit begründet, dass er »auf seine Frau gehört« habe (1. Mose 3,17). Die frühere partnerschaftliche, matriarchale

---

32 *Heros* und *hieros gamos* (heilige Hochzeit) sind religionsgeschichtliche Begriffe für Standardmotive.

Ordnung samt ihren Bräuchen und Symbolen wird also für das Unglück verantwortlich gemacht.

Was aber auf alle Fälle die katastrophale Wendung der Zeitverhältnisse angemessen widerspiegelt: Auf einmal wurde alles viel mühsamer, musste man das Brot *im Schweiße seines Angesichts* den *Disteln und Dornen* auf dem Acker abringen (1.Mose 3,17), begann der bis heute anhaltende schlimme Lauf der Welt und saßen auf den Thronen die menschlichen Vorbilder für die ›olympischen‹ Götter: Herrscher, die es sich heftig verbaten, dass jemand aus dem ›Pöbel‹ so sein wollte wie sie.

In Wirklichkeit war das jedoch mitnichten Gottes Strafe für die lockeren Sitten von früher. Vielmehr hatten die Engpässe natürliche Ursachen und waren selbst wiederum Ursache nicht nur für schlechtere Lebensbedingungen, sondern auch für Konflikte bzw. für eine zunehmende ›Bosheit‹ der Menschen. Im patriarchalen Rückblick und den daraus folgenden Erklärungsversuchen werden jedoch Ursache und Wirkung vertauscht, obwohl sogar etliche Indizien für die naturbedingten Engpässe im Nahen Osten historisch korrekt benannt werden. Wahr ist an dieser Bewertung freilich, dass unter den Bedingungen der Engpasskonflikte die partnerschaftliche Ordnung tatsächlich zu einer ›falschen‹, unglückbringenden Ordnung wurde.

Wenn man nun den ›Mix‹ des Jahwisten wieder auseinandernimmt, ›Adam I‹ als Beginn einer von der Tierwelt unterschiedenen Menschheit vor Hunderttausenden oder gar Millionen von Jahren und ›Adam II‹ als Beginn der Zivilisation in Obermesopotamien um 10.000 v. Chr. abtrennt von ›Adam III‹, dem von ›Kerubim mit blitzendem Schwert‹ aus Eden Vertriebenen, dann kann letzterer vielleicht sogar als historische Figur aus dem ihn umnebelnden Mythos wiederauftauchen. Warum sollte es nicht eine solche Leitfigur gegeben haben, die den friedlichen Weg der Überwindung von Engpässen und Konflikten durch demütiges, schweißtreibendes Erschließen neuer Lebensgrundlagen unter Disteln und Dornen lehrte? – Den jüdischen Rabbinen, den frühen Kirchenvätern und genauso den Muslimen gilt Adam jedenfalls als erster Prophet. Und alle drei Religionen haben je auf ihre Weise Adams Überlebensrezept gepflegt: den moralisch-asketischen Komplex.

Sodom und Gomorra – und andere ›urgeschichtliche‹ Katastrophenberichte

In den weiteren Kapiteln des Alten Testaments folgen einige Parallelen zu dem in 1. Mose 3 berichteten Vorgang der Vertreibung und zugleich auch zu der dort vorgenommenen Umdeutung und Verkehrung des Ursache-Wirkungs-Verhältnisses.

Beim Bericht über Sodom und Gomorra gilt rückblickend die dort praktizierte Homosexualität (1. Mose 19), als Ursache für deren Untergang. Noch zu König Davids Zeiten freilich empfand man es nicht als anstößig, dass sich der König bisexuell auslebte (1. Sam 16,21; 18,1-4; 2. Sam 1,26). Die strenge patriarchale Moral hat also auch in dem Bereich, den uns die biblischen Erzählungen wie eine Kamera heranzoomen, erst nach und nach alle Lebensthemen konsequent durchdrungen.

Dass Sodom und Gomorra aufgrund sexueller Vergehen untergegangen seien, ist historisch gesehen, purer Unsinn. In Wirklichkeit war beides, also sowohl die Einführung einer strengen, Abweichungen ächtenden Sexualmoral als auch die Verschlechterung der Lebensbedingungen im einstmals fruchtbaren Tal ums Tote Meer (1. Mose 13,10), Folge der allmählichen Austrocknung und der zunehmenden Konflikte. Zufällig wurde all das auch noch durch eine seismische Katastrophe verschärft: Bei einem dort für die Zeit um 2100 v. Chr. nachgewiesenen Erdbeben wurde wahrscheinlich Methan freigesetzt, das sich entzündete und einen verheerenden Großbrand auslöste.

Relativ korrekte Ursachenforschung betreibt dagegen ein Abschnitt, der zu begründen versucht, warum die Vitalität der Menschen rapide abnahm: Über Adam, seinen dritten Sohn Seth und dessen Nachfahren wird berichtet, sie seien mehrere hundert Jahre alt geworden. Methusalem, der ›Rekordhalter‹ jener frühen Stammestafel in 1. Mo 5, ist mit 969 Jahren (1. Mo 5,27) sprichwörtlich geworden. Doch in 1. Mo 6,1-3 heißt es: *Als aber die Menschen sich zu mehren begannen auf Erden und ihnen Töchter geboren wurden, da sahen die Gottessöhne, wie schön die Töchter der Menschen waren, und sie nahmen sich zu Frauen, welche sie wollten. Da sprach*

Jahwe: Mein Geist soll nicht immerdar im Menschen walten ... Ich will ihm als Lebenszeit geben hundertundzwanzig Jahre.

Historisch völlig richtig wird hier also 1. die Übervölkerung des alten Orients erwähnt, 2. dass der Engpass durch ›Herrschaft‹ bewältigt wird und 3. dass hierdurch erst wirklich menschliche Schuld entsteht: Infolge der Übervölkerung, der Notwendigkeit der Rationierung (Besitzrecht), Streitschlichtung und nach außen gerichteter Kampfstärke bildet sich eine Gruppe von Menschen, genauer: Männern, die mit der bisherigen partnerschaftlichen, Mutter-orientierten Konsens-Ordnung bricht und eine hierarchische Ordnung errichtet. Diese Herrscherkaste kann sich jede Willkür erlauben, u.a. sich Frauen einfach nehmen. Sie sind ›Söhne‹, Angehörige, Verehrer eines männlichen Gottes, also nicht mehr der Göttin. Die Durchdringung der ›Erdentöchter-Kultur‹, d.h. der nach wie vor matriarchal orientierten Ackerbaugesellschaften durch diese (Himmels-)›Gott-Männerkultur‹ fand historisch tatsächlich statt, und zwar durch die etwa seit Ende des 4. Jahrtausends v. Chr. sich ständig wiederholende Eroberung von Ackerbauregionen durch technisch und kriegerisch überlegene Nomadenvölker. Diese Durchdringung und Durchmischung zweier unterschiedlicher Kulturen und Orientierungssysteme führt zu einem hybriden, überlegenen Menschentypus: zu den ›Hochkulturen‹ und ›Großreichen‹, z.B. in Mesopotamien und Ägypten, aber auch in Kanaan bzw. Israel. Deren Grundlage waren immer eine autochthone, bäuerliche Kultur, deren Existenz und deren Techniken der Sesshaftigkeit, Bau- und Bauerntätigkeit mit der Eroberung nicht endete, und ein eroberndes Nomadenvolk, das mit der Eroberung (wieder) sesshaft wurde und seine überlegene Organisationsfähigkeit, Technik und Kampfkraft zu dem neu entstehenden Ganzen beisteuerte. Häufig wurden die Eroberten zur Unterschicht, teils auch zu Sklaven, die Eroberer dagegen zum ›Adel‹. Am indischen Kastenwesen, einem ausgeklügelten System, um die einmal entstandenen Unterschiede sehr lange aufrechtzuerhalten und kaum eine Vermischung zuzulassen (und damit Unterwerfung und Beherrschung wie in einem Museum zu fixieren), lässt sich diese Überlagerung mehrerer ursprünglich verschiedener Völker bis heute studieren.

In diesen Hochkulturen, kleinen und großen Reichen spielte, deutlicher noch als bei den reinen Nomadenvölkern, erstmals das ICH eine Rolle, die herausragende, heldenhafte, d.h. im Kampf überlegene, sich durchsetzende und als Herrscher regierende Einzelpersönlichkeit. Dies spiegelt die Fortsetzung unseres Zitats wider: *Zu der Zeit und auch später noch* [gemeint ist: nach der Sintflut], *als die Gottessöhne zu den Töchtern der Menschen eingingen und sie ihnen Kinder gebaren, wurden daraus die Riesen auf Erden. Das sind die Helden der Vorzeit, die hochberühmten.* (1.Mose 6,4)

Insbesondere aber die Sintflut selbst gilt dann wieder als göttliche Strafe für die zunehmende ›Bosheit der Menschen‹. Auch diese tatsächlich stattgefundene Überflutung weiter Teile Mesopotamiens um 3000 v. Chr. war ein Naturereignis, nach heutiger Forschung vermutlich eine Folge des nacheiszeitlichen Klimawandels. Dies verschärfte, ähnlich dem Erdbeben mit Brandkatastrophe am Toten Meer, die ohnehin sich anbahnenden Engpässe sowie Konflikte, Machtstrukturen und menschliche Schuld. Hatte man schon im Mesopotamien vor 3000 v. Chr. strengere gesellschaftliche Strukturen entwickeln müssen, um immer mehr Menschen mit immer weniger Land zu ernähren, so nahm der Druck, der diese Tendenz beförderte, drastisch zu, als sich die überlebende Bevölkerung auf den wenigen Anhöhen zusammendrängte, die sich aus der Flut erhoben – so das Bild, das die heutige Archäologie beschreibt. Mehrere Jahrzehnte brauchten die Wassermassen, die natürliche Stauseen entstehen ließen, um wieder abzufließen. Dies zu beobachten, könnte die damaligen Mesopotamier zur Bewässerungstechnik inspiriert haben, die sie der nach der Flut sofort wieder beginnenden Trockenheit entgegensetzten.

Abrahams Auswanderung und Not

Was das nachträgliche *moralisierende Deutungsschema* angeht, ist die Vernichtung von Sodom und Gomorra eine genaue Parallele zur Vertreibung aus Eden. Sie spielt aber in einer anderen Gegend und einer anderen Zeit.

Daneben gibt es eine weitere Erzählung, die eine *regionale Parallele* zur Paradieserzählung beinhaltet und zugleich mit Sodom und Gomorra verknüpft ist: den Aufbruch Terachs aus Ur(fa) und Abrahams aus Haran (1. Mose 11,31; 12,1). Abrahams Wurzeln liegen genau in derselben Gegend, in der ›Eden‹ lokalisiert wird! Zugleich erscheint der ganze Vorgang als Urbild der Entstehung von Nomaden. Die Bedeutsamkeit dieses Aufbruchs wird in der Erzählung durch den göttlichen Auftrag unterstrichen: *Jahwe sprach zu Abram: Geh aus deinem Vaterland und von deiner Verwandtschaft und aus deines Vaters Hause in ein Land, das ich dir zeigen will.* (1. Mose 12,1) Dass es sich um eine Parallele zur Paradiesvertreibung und zu Sodom und Gomorra handelt, wird nur deshalb nicht wahrgenommen, weil der Aufbruch Abrahams nicht als Katastrophe dargestellt wird, sondern aufgrund der feierlichen göttlichen Worte geradezu als heiliger Akt. – Doch wenn man ihn rein phänomenologisch betrachtet, bleibt er ohne die Annahme von Engpässen und Not völlig unerklärlich.

Ähnlich wie es vielleicht einen ›Adam III‹ als Verkünder einer die nächsten Jahrtausende bestimmenden Ordnung gab, könnte es auch einen Nomadenfürsten Abraham wirklich gegeben haben, allerdings wohl erst in der Zeit und in der Gegend, in der sich das katastrophale Erdbeben mit Flächenbrand am Salzsee abspielte, also um 2100 v. Chr. Das wäre freilich lange nach dem dunklen, wilden vierten Jahrtausend, in dem die Nomadenvölker entstanden. Es wäre zugleich ungefähr der Beginn der ›aramäischen Wanderung‹, d.h. des Vorrückens der aramäischen Nomadenstämme Richtung Levanthe und Kanaan.

Die Forschung ist sich aber einig, dass längst nicht alles, was über Abraham erzählt wird, dieser relativ späten historischen Figur tatsächlich zuzuschreiben ist. Die Gesamterzählung ist ohnehin noch jünger als 2100 v. Chr., in sie wurden etliche sehr viel ältere Einzelstücke eingegliedert, deren ›Held‹ ursprünglich ein anderer oder anonym war. Aller Wahrscheinlichkeit nach bildete sich noch auf mündlicher Stufe ein ›Sagenkranz‹ um Abraham, der bei der späteren Verschriftung durch den ›Jahwisten‹ J (vgl. o. S. 111) noch einmal ergänzt wurde. Wenn etliche Einzelerzählungen dem berühmten Patriarchen erst nachträglich zugeschrieben wurden, warum sollte diese Annahme nicht auch für die Erzählung von Abrahams Aufbruch möglich sein? Der historische ›Abraham‹ erschien den Späteren (wie ja auch ›Adam‹) so beispielhaft, dass sie an ihm das gesamte Thema Nomadentum bzw. das Schicksal eines ganzen Nomadenstammes durchspielten: Aufbruch – Krisen während der Wanderungen: Verschlechterung der Weidegründe und Konflikte mit Kulturlandbewohnern – schließlich Eindringen ins Kulturland und Versuche, wieder sesshaft zu werden. All das ist von der ›Verheißung‹ umschlossen, dass der Aufbruch aus der Heimat einst in eine neue Heimat führen werde. Wenn wir jetzt von ›Abraham‹ sprechen, dann blicken wir also durch diese spätere, historisch noch zu greifende Figur hindurch auf z.T. sehr viel weiter zurückreichende Erinnerungen, bei denen keine Personen mehr zu fassen sind, sondern nur noch unpersönliche Zeitumstände, Umbrüche und einschneidende Ereignisse.

In Abrahams Stammbaum werden ›Haran‹ und ›Serug‹ (Genesis 11,22.26–28) als Eigennamen genannt. ›Haran‹ ist schon im biblischen Text zugleich ein Ortsname; doch auch ›Serug‹ (assyrisch Sarugi, heute Sürüç) findet sich als Ort in der Nachbarschaft Harans am Oberlauf des Euphrat – ebenso wie ›Terach‹ (Tell Turahi): Auch Abrahams Vater trägt denselben Namen wie ein Ort. Übrigens war nach der biblischen Erzählung streng genommen Terach derjenige, der den ersten Schritt zum Aufbruch aus der Heimat tat und nicht etwa Abraham, dem diese Leistung immer zugeschrieben wird! Auch dieser Widerspruch Terach-Abraham ist ein Hinweis darauf, dass die Sage vom Aufbruch erst nachträglich in die Abraham-Erzählung eingebaut wurde.

Doch weiter mit den Ortsnamen: In derselben Gegend am Euphrat gibt es auch ein ›Urhay‹ (heute ›Urfa‹), und aller Wahrscheinlichkeit nach ist auch dieses gemeint, wenn es heißt, Abraham sei aus ›Ur‹ aufgebrochen. Es war wohl erst der Schriftsteller J, der die bis dahin mündliche Tradition missverstand und den Ortsnamen mit der mehr als 1000 km Luftlinie entfernten sumerischen Stadt ›Ur‹ am unteren Euphrat (›Ur in

Chaldäa‹) identifizierte[33]. Das obere Ur(fa) aber, wir erinnern uns, liegt genau in der Region, in der die Zivilisation entstand und die Paradieserzählung lokalisiert wird; die heutige türkische Großstadt (Şanli-)Urfa ist in Sichtweite des Göbekli Tepe und des frühesten Tempelmonuments der Menschheit.

In der heutigen Textgestalt, die Abraham als den heiligen Stammvater der Araber, der Israeliten und der monotheistischen Religionen schildert, wird der Aufbruch als ein *geordneter* Übergang zum Nomadenleben dargeboten. Doch dem stehen zahlreiche andere Notizen entgegen, die das Leben Abrahams zu einer einzigen Flucht von einer Krise zur anderen machen. Z.B. war es Hunger, der Abraham nach Ägypten trieb (1. Mose 12,10); dort wäre ihm beinahe die Ehefrau geraubt worden. An einer ganz anderen Stelle der hebräischen Bibel gibt es einen weiteren Beleg, der die Not Abrahams oder seiner Nachkommen benennt und der zeigt, dass es neben der glorreichen Schilderung von 1. Mose 12ff eine eigenständige mündliche Tradition mit anderem Akzent gab: das ›kleine geschichtliche Credo‹ der Israeliten: *Mein Vater war ein Aramäer, dem Umkommen nahe …* (5.Mose 26,5ff.) Dieser Text beschreibt eine Art ›Erntedankfest-Liturgie‹ mit Abgabe des ›Zehnten‹, d.h. einer Kult- und Sozialsteuer (für Witwen und Waisen), an einen Tempel bzw. eine Priesterschaft. Umstritten ist das Alter jenes Textes. Mit ›Vater‹ ist dem heutigen Kontext nach Jakob gemeint. Wenn er im obigen Zitat als ›Aramäer‹ bezeichnet wird, dann erinnert das an folgenden Geschichtsverlauf:

Israel als Volk und Staat, die im 11. und 10. vorchristlichen Jahrhundert unter den Königen Saul, David und Salomo in Erscheinung treten, ist, wie viele andere Völker, erst aus verschiedenen Schichten zusammengewachsen, ein Konglomerat aus bäuerlich-kanaanäischen und nomadisch-aramäischen Traditionen. Die dominierende kulturell-religiöse Identität Israels wird auf die Nomaden zurückgeführt, die im kanaanäischen Kulturland eine neue Heimat fanden, die ansässige Bevölkerung

33 Ian Wilson: The Bible is History, Washington (Regnery Publishing) 2000, S. 22.

unterwarfen, aber deren Sprache übernahmen. Nach dieser Tradition sind diese Nomaden wiederum einstmals – man muss vermuten: mindestens tausend Jahre zuvor – aus einer festen Heimat, nämlich vom Oberlauf des Euphrat aufgebrochen. Dieser Aufbruch wird zweimal erzählt. Erstens im Kontext der Sagen über Abraham. Auch wenn nachträglich fälschlicherweise dem historischen Nomadenfürsten Abraham selbst der Aufbruch zugeschrieben wird, liegt doch eine gewisse Wahrheit darin, dass seine Vorfahren aus ›Eden‹ stammen. Zweitens wird diese Erinnerung zu einem idealtypischen Vorgang stilisiert: zur gewaltsamen Vertreibung ›Adams‹ und ›Evas‹, des ›Menschen‹ schlechthin und seiner ›Lebens-Mutter‹ (-Göttin) aus Eden durch die ›Cherubim‹-Streitkräfte eines Männergottes, zum Beginn der neuen, von Härte geprägten Gegenwartszeit, in der man sich zuerst mit miserablem Ackerboden begnügen (Adam und Eva), später auch diesen noch verlassen musste (Kain und Abel). Im Rückblick erscheint demgegenüber das vorangegangene satte bäuerliche Leben in Eden als ein Leben im Paradiesgarten.

Kain und Abel

Der auffälligste Bericht über die Konflikte der Frühzeit – und ihre Lösungsversuche! – ist die Erzählung vom Mord des Bauern Kain am Hirten Abel (1. Mose 4).

Wir beginnen mit dem Ende dieser biblischen Erzählung, denn sie sieht Kain im Zusammenhang mit der Entstehung der Dinge, die für die Großreiche kennzeichnend sind: Stadt, Metallindustrie und reiches Kulturleben. Es sind die Nachfahren des Gewalttäters, die dies hervorbringen: ein Hinweis auf ein Erfolgsrezept der ›Hochkulturen‹, die beiden Handlungsoptionen Macht/Kampf und Kreativität miteinander zu kombinieren:

Kain ging hinweg von dem Angesicht Jahwes und wohnte im Lande Nod, jenseits von Eden, gegen Osten. Und Kain erkannte sein Weib; die ward schwanger und gebar den Henoch. Und er baute eine Stadt, die nannte er nach seines Sohnes Namen Henoch. Henoch aber zeugte … Lamech. Lamech aber nahm zwei Frauen, eine hieß Ada, die andere Zilla. Und Ada gebar Jabal; von dem sind hergekommen, die in Zelten wohnen und Vieh halten. Und sein Bruder hieß Jubal, von dem sind hergekommen alle Zither- und Flötenspieler. Zilla aber gebar auch, nämlich den Tubal-Kain; von dem sind hergekommen alle Erz- und Eisenschmiede. (Genesis 4,16-22)

Welche Überraschung! Kain, der aggressivere Sohn Adams und Evas, und seine Nachkommen bringen nicht nur Kunst und Handwerk hervor, sondern auch die Nomadentechnik! Das entspricht genau dem heutigen wissenschaftlichen Bild, nach dem das Nomadentum nicht etwa ein Übergangsstadium zwischen altsteinzeitlicher Jägerkultur und jungsteinzeitlicher Sesshaftigkeit war (das frühere Geschichtsbild), sondern erst sekundär und spät aus den Ackerbaukulturen entstand. Die im Stammbaum der ›Kainiter‹ (oder ›Keniter‹) genannten Personen erfanden all die erwähnten neuen Formen des Lebensunterhalts, um die zunehmenden Engpässe der Ackerbaukultur zu bewältigen. Sie waren zur intensiveren Nutzung des Vorhandenen gezwungen und entwickelten deshalb eine differenzierte Kultur.

Doch wenn der älteste alttestamentliche Erzähler (J) und seine Quellen hier so präzise sind, wie ist dann die vorangehende Brudermorderzählung (Genesis 4,1-16) einzuordnen? Ist es nicht ein Widerspruch, dass die Entstehung der Nomaden auf mehrere Generationen nach dem Brudermord zwischen Bauern und Hirten datiert wird? Und vor allem: Wieso heißt es hier, der Bauer habe den Hirten erschlagen, wo es historisch doch genau umgekehrt war, dass die Nomaden mit ihrer Überlegenheit und Willkür mörderisch unter den Ackerbauern wüteten?

Die Antwort muss lauten: Es handelt sich bei der Erzählung vom Brudermord Kains an Abel gar nicht um den uns (und J) bekannten klassischen Konflikt eines Nomaden, der ins Land der Sesshaften eindringt! Bei genauem Hinsehen findet man in Gen 4,2 schlicht nur einen ›Bauern‹ und einen ›Schäfer‹; und beide Berufe gab es bereits vor und unabhängig von allem Nomadentum innerhalb der Kultur sesshafter Landwirte/Viehzüchter. Mit Kain und Abel haben wir ebenfalls wieder die viel frühere

Situation des vierten Jahrtausends vor uns – und ein wenig Licht, das jenes finstere Jahrtausend erhellt.

> Auf der Ebene des Autors J wird freilich jene ältere historische Erinnerung sehr wohl mit dem klassischen Konflikt zwischen Nomaden und Sesshaften identifiziert. Dieser ist J lebendig vor Augen, weil er sich bis in seine Zeit hinein ständig wiederholte. Außerdem war er in Israel innenpolitisch noch lange nicht bewältigt, wie die zahlreichen Kämpfe der Jahwe-Propheten gegen die alteingesessenen matriarchalen Kulte Kanaans in den Jahrhunderten nach J zeigen. Davon dürfen wir uns jedoch nicht beirren lassen. – Sehen wir also, was eigentlich erzählt wird.

Die Erzählung behandelt anhand der ›Kain‹ genannten Figur eine Vertreibungs- und Auswanderungserzählung in genauer Parallele zu den soeben schon behandelten: Vertreibung Adams aus Eden, Vernichtung Sodoms und Gomorras, Terach/Abrahams Aufbruch aus Eden. Auch hier, in dieser vierten Parallele, geht es darum, dass Bewohner aus dem Kulturland weichen mussten, vertrieben wurden – *unstet und flüchtig auf Erden* (Gen 4,12.14).

Diese übliche Vertreibungserzählung aber hat einen noch älteren Kern: Jener spielt ein wenig früher in einer rein matriarchalen Ackerbaukultur. Dafür spricht die schon erwähnte Nennung der Muttergöttin H̱awwa am Anfang. Jene Bauern und Viehzüchter sind allerdings schon von zunehmenden Engpässen geprägt, sie sind also späte, von Krisen gebeutelte Neolithiker. Dafür spricht auch die Art und Weise, wie von folgenden **drei Opferungen** berichtet wird:

a. Der für den Feldanbau zuständige Kain bringt seine **Früchte** dar; aber sein Opfer wird nicht angenommen, reicht nicht aus, um genug Fruchtbarkeit zu bewirken.

b. Das **Tieropfer** des Schäfers Abel dagegen kommt besser an.

c. Danach wird von einem dritten Opfer erzählt. Der erfolglose Landwirt Kain versucht es mit einer nochmaligen Steigerung: mit der **Opferung eines Menschen.** Dass es sich auch dabei um ein ursprünglich erwünschtes Ritual handelt, klingt in 1.Mose 4,11 nach: *... die Erde hat ihr Maul auf-*

getan und deines Bruders Blut von deinen Händen empfangen. Doch plötzlich reicht auch dieses kostbarste Opfer nicht mehr, um dem trocken und mager gewordenen Land, auf dem nur noch Tiere weiden können und nur noch der Schäfer Erfolg hat, genug Ernteertrag abzuringen. So muss Kain trotzdem fortziehen – obwohl er der grausamen Erdmutter sogar den ihm am nächsten stehenden Menschen, seinen eigenen Bruder, geopfert hat!

Patriarchat und Sprung in die mentale Bewusstseinsstufe

Noch einmal zu Adam und Eva: Auf einmal wurde alles viel mühsamer und schlechter, auf einmal gab es Kerubim/Unterdrücker und man(n) konnte sich die lockeren und partnerschaftlichen Umgangsformen nicht mehr leisten, auf einmal gab es auf Erden Alleinherrscher, die es nicht duldeten, dass jemand sein wollte wie sie. Dieses Bild von einem eifersüchtigen Herrn projizierte man an den Himmel – hoch über der Erdmutter. Dieser spendete manchmal gnädig Wasser, während jene mit ihrer Trockenheit und ihrem Blutdurst so viele enttäuscht hatte.

Diese Vorstellung vom Vater im Himmel war gegenüber der keineswegs nur in der Vorstellung existierenden, sondern konkret fasslichen Erd-Mutter auch ein erster Schritt zu Abstraktion und Rationalität, weg vom ›Materialismus‹, der ›Mutter-Fixiertheit‹, hin zum Geist. Und es gibt noch ein zweites Kennzeichen der aufkeimenden neuen, ›mentalen‹ Bewusstseinsstufe: Wenn man sich diesen Himmels-Vater als Person dachte, so war das zugleich ein erster Begriff von Person überhaupt, ein Ausdruck des Nachdenkens des Menschen über sich selbst, über sein Selbst. Dies samt den erwähnten sich plötzlich etablierenden Herrscher-Persönlichkeiten ist die Wurzel des ›Ich-Bewusstseins‹, und das korrespondiert damit, dass besonders jene Völker, die durch die abnehmende Fruchtbarkeit der Erd-Mutter zum Wandern gezwungen waren, die Hirtennomaden, nach dem Verlust des Heimatbodens einen Halt *in sich selbst* finden mussten.

Ökonomische Wirkung von Patriarchat und Askese

Den geschichtlichen Rückblick, die Durchleuchtung der Kulturentwicklung betreiben wir hier nicht, um die historischen Darstellungen auf dem Buchmarkt durch eine weitere zu ergänzen, sondern unter der Fragestellung, wie und warum es zur geistig-kulturellen Grundlage des Wachstumsdenkens und der heutigen Scheren-Politik kam. Deshalb gilt es, nach der *wirtschaftlichen* Funktion des neuen Lebensstils Patriarchat bzw. des ganzen bis heute fortdauernden moralisch-asketischen Komplexes (das ± unbewusst in uns allen existiert) zu fragen:

Erst wenn, wie ab dem Spätneolithikum, ab dem vierten vorchristlichen Jahrtausend im Orient, fruchtbares Land bzw. Wasser knapp und das Leben durch Engpässe eingeschränkt wird, bekommen Stärke, Kampf, Macht einen *Selektionsvorteil.* Zuvor, d.h. in den Tausenden von Jahren der ersten Ackerbauzivilisation wuchs eine neolithische Siedlung einfach so lange, wie das Land genug hergab, und bevor das Dorf dann zu groß zu werden drohte, gründete man eben einige Kilometer weiter die nächste Siedlung. Solange ausreichend Ressourcen zur Verfügung stehen und jeder so viel Land beackern kann, wie er braucht bzw. möchte, gibt es, von Ausnahmen abgesehen, weder Kampf noch Macht; alle überschüssige Kraft, alle potentielle Überlegenheit verpufft wirkungslos im unendlichen Raum unbegrenzter Ressourcen.

Sobald aber die Ressourcen begrenzt sind oder zu erschöpfen drohen und der ›Kampf aller gegen alle‹ aufflammt, braucht man zweierlei: 1. eine sofortige Notlösung und 2. einen langfristigen Ausweg; der Mensch muss:

1. den Einzelnen und die Gesellschaft im Überlebenskampf absichern: durch Differenzierung des Rechtssystems, durch Ausbau des Staatswesens, eine hierarchische Ordnung mit König oben und Sklaverei oder sonstigen Formen der Ausbeutung unten, durch Organisation von Militär, Polizei, Zuchthäusern, Geheimdiensten. Zugleich muss der Mensch:

2. sich langfristig aus den Engpässen herausarbeiten. Dafür sorgen die neuen Gesellschaften Mesopotamiens und Ägyptens ab dem dritten Jahrtausend v. Chr. mit Innovationen wie Dämmen und Kanälen. Um aus

den knappen Ressourcen mehr für die Menschen herauszuholen, forcieren sie das, was wir heute **Wirtschaftswachstum** nennen.

Diesem zweiten, langfristigen Ziel, dem Wachstum, d.h. dem Aufbau von Produktionsmitteln bzw. neuen Lebensgrundlagen, liegt eine neue Denkweise und eine neue Art der gesellschaftlichen, nunmehr *staatlichen* Organisation zugrunde, bzw. hierfür sind ebenfalls die für den sofortigen Schutz organisierten Zwangsmittel (1.) notwendig. Denn der langfristige Aufbau vollzieht sich auf zwei Wegen; der eine ist mit den Stichwörtern ›Information‹ und ›Kreativität‹ zu umreißen. Der andere mit ›Material‹, ›Energie‹ und ›Mühsal‹. Darauf werden wir immer wieder stoßen; denn dass sich Wirtschaftswachstum auf den beiden Wegen Software und Hardware bzw. *Wissen-und-Fähigkeiten* und *Sich-Krummlegen-und-auf-Konsum-verzichten* abspielt, ist bis in die Neuzeit so geblieben. Es wird nur von unserer heutigen Wachstumspropaganda gezielt überdeckt, die von einer ›Wissensgesellschaft‹ spricht, sie aber nicht wirklich herbeiführen will, obwohl die Menschheit dies heute tatsächlich endlich *könnte*.

Diese Doppelung von Wissen und Wachstum ist, wie wir im vorigen Kapitel bereits sahen, ein Natur- und Evolutionsprinzip, dessen sich auch unsere Mütter-und-Väter-im-Glauben bewusst waren: Das Begriffspaar ›Gesetz und Evangelium‹/befreiende Perspektive bringt es spätestens seit Paulus auf den Punkt.

Schon im alten Orient hat man nicht drauflosgebuddelt, sondern mussten Ingenieure auf dem Hintergrund aufblühender Wissenschaften die Bauwerke *planen*. Doch umgekehrt hilft die beste Ingenieursleistung nichts, wenn sie nicht materiell *umgesetzt* wird. Und so musste eine große Schar von Menschen im Frondienst die Hacke schwingen[34], d.h. eine Vor-Leistung erbringen, die sich erst langfristig für die Gemeinschaft auszahlte. Damit das geschah, konnten die Mächtigen ihre Hierarchie (1.) einsetzen. Im Wettbewerb der Großreiche untereinander galt es, die Machtstruktur, die sich aus dem unmittelbaren Ziel der Sicherheit ergibt (1.), möglichst effizient zu kombinieren mit dem langfristigen Ziel des wirtschaftlichen Aufbaus

34 Vgl. o. S. 49 mit Anm. 18.

(2.). Nur ein starker Staat (1) kann genügend Zwangsarbeit (2) organisieren, und nur wirtschaftlicher Erfolg (2) finanziert einen starken Staat (1).

Investition und Wachstum, d.h. jetziger Verzicht für eine spätere Verbesserung gab es grundsätzlich bereits in den matriarchalen Zivilisationen und ihren Städten, jedoch wohl eher freiwillig und aus Einsicht, langsam, maßvoll, erträglich. Auch die mesolithischen Monumentalbauten am Göbekli Tepe (s.o. S. 98f.) waren vermutlich ohne Zwang möglich. Doch anders als bei späteren mesopotamischen Großprojekten fehlte im Mesolithikum der Konkurrenzdruck, etwa der Ehrgeiz, die mächtigste Stadt zu sein, und damit fehlte die Schubkraft, die erst durch einen Zwang erzeugt wird, wie er von 3.000 v. Chr. bis heute anhält.

Die beschleunigende Wirkung von Demut, Askese und Kreuz

Stellen Sie sich vor, Sie lebten vor 2000 Jahren in einer Welt der Unterdrückung, deren Ende nicht abzusehen ist, und Sie wollten den Menschen langfristig weiterhelfen. Was würden Sie tun? Zur Revolution aufrufen? – Damit beseitigen Sie nicht das grundsätzliche Problem dauerhafter Engpässe an Lebensgrundlagen, das ständig neue Kämpfe und Machtstrukturen hervorbringt.

Ihre einzige Chance ist es, den Aufbau neuer Lebensgrundlagen zu beschleunigen bzw. ein Ideensystem zu verkündigen, vorzuleben und zu verwirklichen, das den Aufbau vorantreibt und damit schneller auf das Ziel der Sättigung und der Befreiung hinführt.

Genau vor dieser Alternative Revolution/Macht/Gewalt oder Sich-aus-Einsicht-Fügen und das Notwendige Beschleunigen stand Jesus, wie er uns in dem Text von seiner Versuchung vorgestellt wird (Mt 4,1-11; Lk 4,1-13). Er entscheidet sich für die zweite, weiterführende Möglichkeit. Sein Lösungsansatz war eine Steigerung der beiden Wege: Aufbau/Mühsal/Investition *und* Innovation/Vision/Kreativität. Wir haben sie im Kapitel über die Evolution schon näher als Evolutionsprinzipien kennengelernt. Beide werden im Christentum methodisiert. Die theologischen Fachbegriffe für diese beiden Prinzipien bzw. Wege lauten in der christlichen Tradition, wie erwähnt: *Gesetz und Evangelium.*

Wichtigstes Dokument für diese Doppelstrategie ist die Bergpredigt. Hier entfaltet Jesus einerseits das Befreiende, seine Lehre vom Gottesreich, die Vision einer anderen Welt. Gleichzeitig verheißt er andererseits das Erreichen dieser Ziele gerade denen, die das Gesetz besonders streng einhalten und die größten Mühen und Leiden der vorerst noch nicht gewendeten Epoche auf sich nehmen.

Aus der Bergpredigt und anderen Worten Jesu las die alte Kirche die ›Evangelischen Räte‹ heraus, die asketischen Tugenden Armut, Keuschheit und Gehorsam. Sie sind der ausdrückliche Verzicht auf die drei Schein-Vorteile, die man(n) im Patriarchat erlangen kann: Bereicherung, sexuelle Willkür und Macht. Sie sind der freiwillige Schritt, die Zwänge des Konfliktzeitalters nicht durch Gegengewalt zu *über*trumpfen, sondern friedlich, demütig (= *diene-mütig*, in dienender Gesinnung, entspr. griech. tapeinosynä = Niedrigkeit) zu *unter*laufen oder besser: überzuerfüllen. Besonders in den Gebieten der Reformation, wo wenig später der entscheidende Funke zur Industrialisierung zünden sollte, transformierte sich die klösterliche zur ›innerweltlichen Askese‹ (Max Weber): Man(n) spart sich jeden Pfennig vom Munde ab, um ihn wieder zu investieren (Armut), hat keine Zeit für die Familie und für Vergnügungen (Keuschheit) und fügt sich in die Konzernhierarchie bzw. die Zwänge des Marktes (Gehorsam): Tugenden des puritanischen Protestanten Benjamin Franklin, dessen Biographie übrigens bis heute bei vielen Managern Pflichtlektüre ist.[35]

---

35 Ich folge damit im Wesentlichen der durch empirische Daten belegten Argumentation von Max Weber: Die protestantische Ethik und der Geist des Kapitalismus, Vollständige Ausgabe. Herausgegeben und eingeleitet von Dirk Kaesler, 3. durchgeseh. Aufl. München: C.H. Beck 2010. Neu gegenüber Weber ist freilich die kritische Sichtweise bzw. die Frage, wie ›wir‹ von dem auf materielles Wachstum zielenden ›christlichen Ethos‹ wieder wegkommen, nachdem es nunmehr (über-)lebensgefährlich geworden ist. Dazu ist aber die Würdigung der bisherigen Aufbauleistung unumgänglich. – Dass Franklins

Den Gedanken an die übliche (pseudo-)revolutionäre Gegengewalt hat Jesus kurz vor der Bergpredigt bei seinen ›Versuchungen‹ (Mt 4,8-10) – aber nur, um ihn dann klar zu verwerfen. Möglicherweise spiegeln diese in einer sehr drastischen, mythischen Denk- und Sprechweise überlieferten Verlockungen des Satans einen tatsächlichen Reflexionsprozess Jesu wider bzw. eine Phase, in der er sich in die Wüste zurückzog, um auf etwas Neues zu kommen, das der Menschheit wirklich weiterhelfen könnte.

Diesem Prinzip *friedlich übererfüllen* statt *gewaltsam übertrumpfen (und hiermit nicht nur selbst zu scheitern, sondern auch noch Tausende zu sinnlosen Blutbädern zu verführen)* entspricht das Selbstopfer Jesu. Seit dem Fall in die Erbsünde werden Konsumverzicht bzw. Hingabe individueller Leistung an das Ganze erzwungen – von der Sklaverei der Antike bis zur Rentenkürzung der Moderne. Indem Jesus die Lebenshingabe freiwillig erbringt, entkräftet er den Zwang grundsätzlich. Indem jemand viel mehr tut, als die Mächtigen verlangen, zeigt er, dass hinter aller Macht eine viel höhere, göttliche Macht und Notwendigkeit steht, und ist zugleich den Mächtigen entronnen; sie können ihm nur noch hinterherschauen – bzw. den Jesus-Nachfolger(inne)n Kirchen und Klöster stiften. Vordergründig tat ein Regent dies wegen der Aufbauleistung für seinen Staat. Hintergründig hat er damit ungewollt eine stille Revolution bzw. die langfristige Abschaffung des Königtums finanziert!

Darum war es auch richtig, dass die Klosterstiftung im Bewusstsein der Kirche und der Gläubigen zum Seelenheil des Stifters führte: Das Unrecht, das mit seiner Macht und seinem Reichtum verbunden war, glich er mit diesem Beitrag zur langfristigen Welterlösung ganz real aus und fand damit ganz zu Recht seinen Seelenfrieden.
Ebenso ist auf diesem Hintergrund zu verstehen, warum Jesus formuliert, man solle, um zum Himmelreich zu kommen, *den Willen des Vaters tun* (Mt 7,21): Verzicht, Unterordnung, Fleiß und Hingabe an jede noch so mühsame Aufgabe waren eine geschichtliche Notwendigkeit, das Ge-

Autobiographie bis heute durchaus ›angesagt‹ ist, erfuhr ich zu meinem Erstaunen von einer Siemens-Führungskraft.

bot der Stunde, das Diktat der Evolution bzw. der ›Wille‹ des höchsten Geistes.

Nur in diesem Sinne sind auch die Aufforderungen zu verstehen, dass sich die Sklaven ihren Herren unterordnen sollen, wie sie in den christlichen ›Haustafeln‹ der neutestamentlichen Briefe mehrmals (Eph 5,22-6,9; Kol 3,18-4,1; 1.Petr 2,18-3,7) begegnen. Sie stehen dem langfristigen Gesamtprojekt ›Sklavenbefreiung‹, wie es sich aus dem Exodus und den Zehn Geboten ergibt, nicht entgegen, und sie haben keinerlei aktuelle Bedeutung – außer in Situationen und Regionen, in denen immer noch ein objektiver Zwang zu Wachstum, Verzicht und Unterordnung besteht. **Solche biblischen Anweisungen ohne den Kontext eines langfristigen, aber nicht unendlichen Aufbauweges zwecks Beendigung der Not zu verstehen, ist Fundamentalismus.**

Die erste Wirkung des Jesus-Weges ist, dass jede(r) ihn immer und überall an seinem/ihrem Platz praktizieren kann. Niemandem war es verwehrt, noch demütiger, fleißiger, sparsamer, enthaltsamer, gehorsamer zu sein als vorgeschrieben und damit aktiv am Projekt Welterlösung teilzunehmen. Das galt sowohl für Christen in ›normalen‹ Familien-, Arbeits- bzw. Dienstverhältnissen als auch für solche, die ein besonderes, andersartiges Leben führten: In der Nachfolge Jesu brachten die christlichen Asket(inn)en über viele Jahrhunderte hin das Prinzip der Hingabe, der Vorleistung, der freiwilligen Investition zu ungeahnten Höhen: Nach der Völkerwanderung, im sogenannten Mittelalter verhalfen Ordensleute den Menschen zu neuen Lebensgrundlagen: Gewinnung von Ackerland, Pflanzenzüchtung, vorindustrielle Maschinen wie Wassermühle und Hammerwerk; die Benediktiner brachten nicht nur technische Neuerungen, sondern auch kulturelle, z.B. Arbeitsorganisation (Zeiteinteilung durch *ora et labora*), sie bauten Schulen, Krankenhäuser usw. und schufen damit die Grundlagen für die moderne sozialstaatliche Industriegesellschaft, die weder Kriege noch Könige mehr braucht.

Die zweite Wirkung des Jesus-Weges geht vom Kreuz aus. Die ansonsten irrational-magisch wirkende christliche Botschaft ›Jesus hat uns durch seinen Tod am Kreuz von der Sünde erlöst‹ lässt sich aufgrund des Gesagten einfach verstehen: Mit seinem Tod am Kreuz hat sich der, den die frühe Christenheit ›Herr‹ nannte, aus der Herrenposition herausbegeben. Er *befiehlt* nicht, was seine Jünger_innen zu tun haben, sondern geht ihnen mit der größten Hingabe selbst voran. Zugleich ist Jesu Gang ans Kreuz die Konfrontation des alten, patriarchalen, macht- und gewaltbestimmten Systems mit dem neuen Menschen, der schon jetzt nach den Regeln der Konfliktauflösung, der Partnerschaft und der Gewaltfreiheit lebt, mit dem weiterentwickelten Menschen der Zukunft, dem ›Menschen-Sohn‹. Es kommt nur darauf an, wer sich bei dieser Konfrontation *letzten Endes* als Stärkerer erweist – posthume Nachwirkungen eingeschlossen.

> Der Zusammenprall wird in Jesu Auftritt als Gegen-König zu dem von Rom abhängigen König Herodes deutlich, im Demonstrationszug seiner Anhänger, die ihn zum Herrscher ausrufen (›Hosianna dem Sohne Davids!‹ Mk 11,9ff par.), was deshalb politisch brisant war, weil er, anders als Herodes, tatsächlich der alten Königsdynastie entstammte. Dementsprechend wurde Jesus wegen Hochverrats (INRI = ›König der Juden‹) verurteilt und hingerichtet. Indem Jesus so scheinbar an der ›Sünde‹ (das griechische Wort meint eigentlich ›das Falsche‹) scheitert, in der historischen Wirklichkeit aber ebendieses System-des-Falschen entlarvt und zugleich den entscheidenden Anstoß zu dessen unaufhaltsamer realpolitischer Überwindung gibt, ist er das ›(Opfer-)Lamm‹, das die Sünde der Welt wegnimmt/beseitigt/aufhebt (Joh 1,29) – von ›auf sich nimmt‹ oder gar ›trägt‹, wie das eine ganze Flut christlicher Fehlinterpretationen hineinliest, steht da nichts!

Auf diese Weise ist die biblische Versöhnungs- und Satisfaktionslehre zu verstehen, die ohne den realpolitischen Bezug auf das Ziel einer langfristigen Epochenwende von westkirchlichen Theologen des Mittelalters dahingehend missverstanden wurde, als müsse ein rachsüchtiger Gott seinen Blutdurst dadurch gestillt bekommen, dass er seinen eigenen Sohn bestraft, der die Sünde auf sich nimmt, damit die Menschen verschont werden. – In der besten Absicht, sich von dieser magischen Vorstellung zu lösen, haben neuzeitliche (evangelische) Theologen das Kind mit dem Bade ausgeschüttet und die Satisfaktionslehre insgesamt abgelehnt, damit aber letztlich das Christentum weichgespült, d.h. seiner politischen Brisanz beraubt.

Heutige Bewertung der einstigen Umwertung

Dass dem uns bis heute normal vorkommenden Patriarchat eine ursprünglichere Zivilisation des Matriarchats vorausging und dass eine Rückkehr zu partnerschaftlichen Strukturen auf allen Ebenen, auch den politischen und ökonomischen, die Zukunft der Menschheit ist, lässt sich einem ganzen Stapel feministischer Literatur und seit neuestem auch Unterhaltungsromanen entnehmen, v.a. Dan Brown (vgl. *The Da Vinci Code*). Sie alle bedauern, welche ›böse‹ Ideologie das einst so ›gute‹ Matriarchat abgelöst, ja geradezu gewaltsam in Stücke geschlagen hat; zugleich gilt diese Erkenntnis als Geheimwissen, dessen Verbreitung durch die Mächtigen der Welt und vor allem durch die Kirche unterdrückt und verfolgt werde.

In der Tat müsste es für Gesellschaft und Kirche revolutionierend sein, diesen Gang der Geschichte bzw. diese Geschichtsdeutung endlich anzuerkennen: Politisch-gesellschaftlich verlöre der Wachstumszwang seinen Selbstverständlichkeitscharakter und würde als Teil einer von der modernen Welt ohnehin längst abgeschriebenen herkömmlichen Wertordnung sichtbar. Vonseiten der Kirche käme endlich wieder die Unterscheidung zwischen Gesetz und Befreiungsperspektive (›Evangelium‹) ins Spiel, und zwar gründlicher und grundlegender als in der Reformation: in einem Abschied von asketischen und hierarchischen Wertvorstellungen überhaupt bei gleichzeitiger Anerkennung ihrer bisherigen Funktion und der stolzen Leistungen, die aufgrund der bisherigen religiösen Orientierung möglich waren.

Sogar neueste theologische Bücher, die wie GOTT 9.0: WOHIN UNSERE GESELLSCHAFT SPIRITUELL WACHSEN WIRD[36] eher aus dem protestantischen Bereich kommen und für sich Progressivität reklamieren, unterschlagen das Matriarchats-Thema – vielleicht aus einer unbewussten Angst vor den grundstürzenden Konsequenzen. Eher noch scheint die katholische Kirche darauf ansprechbar zu sein; hat sie doch im Welt-Katechismus (von 1993) die traditionelle Lehre vom sündenfreien Urstand des Menschen weiter festgeschrieben (freilich unerklärt und damit irrational). Doch der Mainstream des Katholizismus träumt eher vom Fortschreiben oder gar Wiedererstarken der Askese: Die Namenswahl Josef Ratzingers nach der Wahl zum Papst zielte nicht etwa auf ein Honorieren der *vergangenen* Leistung Benedikts von Nursia, sondern, wie er mehrfach dargelegt hat, auf dessen *Aktualität*. Ins gleiche Horn einer Politik des Verzichts und der Anstrengungen zugunsten des Wachstums stößt auch Bestsellerautor und Benediktiner-Abtprimas Notker Wolf.

Insofern sind der Unmut der Feministinnen über die gesellschaftliche und kirchliche Ignoranz und die Popularität der Verschwörungstheorien (nicht nur Browns) nachvollziehbar. Doch sollte solch berechtigter Ärger nicht zu logischen und historischen Denkfehlern führen. Das Klagen bringt uns nicht nur nicht weiter, es ist auch gar nicht sachgemäß. Nur wer die Notwendigkeit des **Patriarchats als reine Not-Ordnung** inmitten von Engpässen und Kämpfen um Lebensgrundlagen erkennt, kann es wieder auflösen, nachdem es langfristig zum Ziel erneuter Freiheit, Kreativität und partnerschaftlicher Gesellschaftsordnung führte, das wir heute beinahe erreicht haben. Dieser harte Weg war eine ausgeklügelte Strategie – scheinbar des Menschen, in Wirklichkeit eher einer Größe, die höher ist als der Mensch: des Steuerungssystems der Evolution. Nur wenn wir diese Taktik durchschauen, und das heißt: ihr wahres Ziel ›realisieren‹ (im Mehrfachsinne von ›wahrnehmen‹, ›verwirklichen‹ und ›sich verwirklichen lassen‹), können wir uns von dem Mittel zum Zweck, dem Weg der

---

36 Vgl. S. 132, Anm. 35: Verfasst von Marion Küstenmacher, Tilmann Haberer und Werner Tiki Küstenmacher, Gütersloh 2010.

Härte, auch wieder befreien. Durchschauen und beenden wir ihn nicht, dann wird das, was einst rettend war, uns heute in den Abgrund reißen.

Zusammenfassung

Mühsal und Aufbauleistung der vorangegangenen Generationen haben uns dahin geführt, dass uns heute alle Möglichkeiten und Instrumente zur Verfügung stehen, um den endgültigen Exodus aus aller Sklaverei zu ermöglichen – außer wir lassen genau dies weiter unbeachtet und unbearbeitet, sodass wir zum weiteren Wachstum gezwungen sind.

Von frühen, durch Jesus inspirierten Ansätzen zur Askese über die ›Wüstenväter‹, radikale Mönche, die im 4. Jh. verhinderten, dass sich ein zur Staatsreligion avancierendes Christentum zu sehr anpasste, über den Heiligen Benedikt und die gewaltigen Leistungen der westlichen Mönchsorden bis hin zur ›innerweltlichen Askese‹ des Protestantismus: Immer ging es um den aufopferungsvollen Aufbau dessen, was künftig mehr Ertrag, mehr Bildung, mehr Gesundheit, leichtere Arbeit und ein menschenwürdigeres Leben ermöglichen sollte. Im Resultat mündete dies nach Jahrhunderten in die Industrialisierung. Nur: Da wir immer noch nicht begriffen haben, dass die Fertigungsmaschinen und Computer, die anstelle unserer Hände und Köpfe arbeiten, nichts anderes bezwecken, als uns das Leben und die Arbeit zu erleichtern und Ertrag einzubringen, ohne dass wir den Rücken krumm machen oder über Zahlenkolonnen brüten, sind wir immer noch darauf fixiert, unseren Gewinnanteil nicht von jenen Maschinen, sondern über den Arbeitslohn zu holen, so als lebten wir noch im 18. Jh., vor der Industrialisierung. Das aber beschert uns weiterhin die Peitsche des Wachstumszwangs. Es verlängert künstlich den ehedem naturgegebenen Wachstumszwang.

Wie gezeigt, bräuchten wir nur mit den richtigen Instrumenten an der Relation zwischen Arbeits- und Sachkosten anzusetzen und könnten vom entbehrungsreichen materiellen Wachstum, vom mühseligen Erhöhen des Kapitalstocks, vom Säen und Ackern auf Ernten und Genießen, auf

Kreativität, Wissenswachstum, Steigerung der menschlichen Fähigkeiten umsteuern, die Ernte in die Scheune einfahren bzw. den heute fälligen Exodus ermöglichen. Das neue wirtschaftspolitische Instrumentarium – die ›Schere‹, mit der die Gesellschaft ihre Ökonomie steuern und optimieren kann – ist das Ergebnis eines Jahrtausende währenden Wachstums. Der materielle Aufbauprozess MUSSTE in der Vergangenheit sein. Für Gegenwart und Zukunft jedoch gilt: Nirgendwo im gesamten Universum kann ein auf der materiellen Ebene stattfindendes, ressourcenverschlingendes Wachstum auf ewige Zeiten weitergehen; vielmehr wird es immer irgendwann durch Rückkoppelung wieder gedämpft – notfalls durch den totalen Zusammenbruch. – Doch zu verlockend der Gedanke, weiterzuleben und in Zukunft immer besser zu leben! Das Werkzeug dazu hat uns die *gepriesene Walterin Natur* (Epikur) in den Schoß gelegt; indem wir ihr, ihrem Willen, dem Willen der Schöpfung bzw. Evolution bzw. dem Willen des All-erschaffenden Vaters so fleißig gehorcht haben, ist das Überlebensinstrument: die Arbeits-Sachkostenschere, nun direkt vor unseren Händen – offenbar nur noch nicht vor unseren müden, Mühsal gewohnten, seelenblinden Augen.

Hier das ganze Epikurzitat (Fragment 28):

Dank sei der gepriesenen Walterin Natur,
dass sie das Notwendige leicht erreichbar schuf,
das schwer Erreichbare aber als nicht notwendig.[37]

37 Epikur, Philosophie der Freude. Eine Auswahl aus seinen Schriften, übersetzt, erläutert und eingeleitet von Johannes Mewaldt, Stuttgart (Kroener) 1960, S. 73.

Kapitel 5: Konjunkturwellen

Die langen Wellen nach Nikolai Kondratieff und die Chancen, einen neuen Wirtschaftsaufschwung zu katalysieren

Einleitung: Ökonomie und Theologie

Wie schon im Vorwort ausgeführt, liegt der Bezug der Theologie zur Wirtschaftswissenschaft im Wort ›Ökonomie‹, wörtlich: ›Gesetz(kunde) des Hauses‹, dessen traditionelle Bedeutung in drei Bereiche zerfällt: I) ›Haushalt‹ von Haus, Hof, Unternehmen (BWL), II) von ganzen Regionen (VWL) sowie III) das, was heute ›Theologie‹ heißt: Heilsgeschichte, göttliches Regiment über das Haus der Welt, der Erlösungsprozess (›Reich Gottes‹).

Und doch wird jener weitere Aspekt von ›Ökonomie‹ = ›Heilsgeschichte‹ im faktischen Gebrauch des Wortes wie ein komplett anderer Begriff als ›Ökonomie‹ = ›Wirtschaft‹ verwendet. Diese Spaltung ging einher mit einer Spaltung des Menschen. Seitdem im Übergang von der Jungsteinzeit zur Bronzezeit (4. Jahrtausend v. Chr.) Engpässe und Kriege von regionalen Ausnahmefällen zum weltweiten Dauerzustand wurden, klaffen die Vorstellung von einem ewig-himmlischen, göttlich-geistig-seelischen Heil und das irdische Streben nach wirtschaftlichem Wohlstand und materieller Gerechtigkeit auseinander. Erst seitdem gibt es die Vertröstung auf ein Jenseits oder einen Jüngsten Tag, gelten die Priester und Prediger des *jenseitigen* Seelenheils als nicht mehr verantwortlich für das Diesseits.

Mit diesem Blick auf eine Entzweiung vor Urzeiten, eine Entfremdung in den letzten Jahrtausenden und eine Überwindung des Unheils in der Zukunft ist bereits gesagt, worin der theologische Beitrag zur Ökonomie hauptsächlich bestehen könnte: darüber aufzuklären, wie es zur Entfremdung kam und wodurch diese sich wieder überwinden lässt. Es geht also um eine echt klassische Funktion einer objektiven, vom persönlichen Glauben unabhängigen Theologie (der entsprechenden Vergessenheit heutiger Theologie geradewegs zum Trotz): ums Bewusstmachen des traditionellen dreigliedrigen Geschichtsbildes *Urstand – Sünde – Erlösung* – natürlich in Bezug zu entsprechenden sozioökonomischen Tatbeständen. Die gegenwärtige Unkenntnis dieser Fakten lässt uns in den heutigen Problemen befangen und gefangen bleiben, während die Information 1. über das Erlösungsmodell an sich und 2. darüber, wo wir in jenem Prozess stehen, wie weit wir bereits vorgerückt sind und was wir noch zu bewältigen haben, zu eben jener Bewältigung, Problemlösung, Befreiung, Erlösung beitragen kann.

Was die alte Tradition über das dreigliedrige Geschichtsmodell sagt, ist kein verschwommener Mythos, sondern eine Information über das, was man wirtschaftswissenschaftlich als ›Megawellen‹ bezeichnen müsste. – *Müsste*: Denn noch gibt es diesen Begriff in der Ökonomie nicht. Unter ›Langwellen‹ verstehen die Ökonomen viel kürzere Perioden. Mit ihnen befassen wir uns zunächst, um dann später zu sehen, ob jene rund 50jährigen Konjunkturzyklen etwas zu tun haben mit den mehrtausendjährigen Megawellen der Geschichte und ob jenes alte Wissen Anlass zur Hoffnung[38] ist und uns die entscheidende Orientierung geben kann.

Also: Wir kommen erst am Ende dieses Kapitels auf die Frage nach ›Megawellen‹ zu sprechen. Zunächst einmal geht es ausschließlich um die ca. 50jährigen Konjunkturzyklen, die ihrerseits schon ein genügend aufregendes, von der Politik oft nicht beachtetes oder wenigstens (siehe z.B. Steinkohleförderung) nicht ausgesprochenes Thema sind. Obwohl die Theorie der ca. 50jährigen Konjunkturzyklen in Fachkreisen sattsam bekannt ist, regiert die Politik oft unfachlich daran vorbei, was z.B. in der Vergangenheit das jahrelange Festhalten an der Subventionierung der deutschen Steinkohleförderung zeigte. Zwar ist es verständlich, wenn ein Anstieg der Arbeitslosigkeit vermieden werden soll, aber eine Subventionierung von Schlüsselinnovationen und neuen Branchen hätte den

38 Hoffnung im Sinne der Utopie, der Veränderung, der erneuerten Zukunft: Vgl. hierzu Bloch, Moltmann.

Strukturwandel im Rhein-Wupper-Emscher-Dreieck beschleunigt und um ein Vielfaches mehr Arbeitsplätze geschaffen.

Die etwa 50jährigen langwelligen Wirtschaftsentwicklungen wurden in jüngster Zeit durch wissenschaftliche und populärere Publikationen[39] thematisiert, die sich v.a. an einer grundlegenden Studie des russischen Ökonomen Nikolai Kondratieff[40] von 1926 über die ›langen Wellen der Konjunktur‹ orientieren. Erst durch eine späte Wiederentdeckung[41] wurde die immense Bedeutung dieser Theorie erkannt; sie überzeugt aufgrund ihrer allgemein zugänglichen Argumentation; zugleich ist sie mit der Theologie logisch verbunden:

- durch eine *historische* Betrachtungsweise,
- durch die Beschreibung der Konjunkturverläufe nicht als rein ökonomische Prozesse, sondern als Zusammenwirken von Wissenschaft, Technik, Wirtschaft und *Kultur* unter besonderer Berücksichtigung von *Religion und Ethos* im Sinne Max Webers (= ›Ökonomie III‹),
- durch den Begriff der Langwelle, bestehend aus Auf- und Abschwung, Boom und Elend,
- durch weitere (evolutions- und systemtheoretische) Antagonismen, die traditionellen *dialektischen* Begriffen der Theologie entsprechen.

Soweit ich sehen kann, ist diese Theorie bisher von der christlichen Sozialethik nicht rezipiert worden. Dabei reicht hier die Ökonomie der Theologie ausdrücklich die Hand. Und die Chance besteht nicht nur darin, dass die Theologie von einem gut verständlichen volkswirtschaftlichen Modell und dessen ihr meist sehr zugetanen Vertretern lernen und ihren Blick schärfen kann, sondern auch umgekehrt: Die Theologie, insbesondere

39 Etwa Leo A. Nefiodow: Der sechste Kondratieff. Wege zur Produktivität und Vollbeschäftigung im Zeitalter der Information, Sankt Augustin 1996; Erik Händeler: Die Geschichte der Zukunft. Sozialverhalten heute und der Wohlstand von morgen in Kondratieffs Globalsicht, Moers 2003.

40 Die langen Wellen der Konjunktur, Archiv für Sozialwissenschaft und Sozialpolitik 56, 1926, 573–609. Stalin ließ Kondratieff 1930 nach Sibirien deportieren und 1938 hinrichten.

41 Joseph A. Schumpeter: Konjunkturzyklen, Göttingen 1961. Andrew Tylecote: The Long Wave in the World Economy, London – New York 1992.

das von Bibel und Tradition vermittelte Bild der Heilsgeschichte in drei Megawellen, könnte wiederum die Kondratieff-Theorie modifizieren und dadurch die gegenwärtige Aufgabe weiterführen.

Kondratieffs Theorie und die aktuelle Situation

Die Wirtschaftsgeschichte seit Beginn der Industrialisierung verlief nach der aktualisierten Kondratieff-Theorie in fünf großen Aufschwüngen, denen jeweils Abschwünge folgten:

1. Dampfmaschine und maschinisierte Textilfertigung ab dem späten 18. Jh.,
2. Stahlverarbeitung, Eisenbahn und Stahlschiff ab ca. 1840,
3. Elektrotechnik und Chemie ab dem späten 19. Jh.,
4. Auto und Mineralölindustrie ab Mitte des 20. Jh. und
5. Computer und Telekommunikation im späten 20. Jh.

Jede neue Basisinnovation zog eine kaum zu überblickende Wertschöpfungskette nach sich. Während die Dampfmaschine u.a. Maschinenbau, Textilindustrie, Kohleabbau und -transport, Kanalbau und Metallverarbeitung mit sich brachte, löste die Computertechnologie u.a. in den Bereichen Fertigungssteuerung, Medizintechnik, Software, Unterhaltungselektronik, Bürosysteme und Kommunikationstechnik Folge-Booms aus.

Die Abschwünge der letzten beiden ›Kondratieffs‹ haben die meisten Leser_innen selbst erlebt: Ölkrise und Rezession Anfang der siebziger Jahre bzw. die Kurseinbrüche am ›Neuen Markt‹ seit 2001, die zeigen, dass die fünfte Welle ihren Höhepunkt schon überschritten hat. Ähnliche Symptome gab es auch zuvor, etwa die Crashs 1873 und 1929 oder das Massenelend Mitte des 19. Jahrhunderts. Kriege und Revolutionen lassen sich auf diesem sozioökonomischen Hintergrund deuten: Sowohl die Kriegslust Deutschlands 1914, das den K'3 (Kondratieff Welle/Aufschwung Nr.3) maßgeblich voranbrachte und durch ihn enorm boomte, als auch die Hinwendung desselben Landes zu brutaler Gewalt und einer maßlosen Rückwärtsutopie 1933 infolge der wirtschaftlichen Zusammenbrüche. Zugleich sind die wirtschaftlichen Erfolge der Hitler-Regierung auch dadurch zu erklären, dass sie frühzeitig den herannahenden K'4 erahnte und – mit der kaltschnäuzigen Konsequenz, die einer Diktatur möglich ist – die Weichen auf Autoindustrie und -bahnen stellte.

Während jeder der fünf Aufschwünge mit einer Steigerung der Produktivität gleichbedeutend war, waren die Abschwünge durch technische und infrastrukturelle Defizite bedingt, die das weitere Wachstum blockierten. Erst wenn das, woran es hing, durch die nächsten Basisinnovationen überwunden war, wurde die Talsohle durchschritten und begann der jeweils nächste Kondratieff-Aufschwung: Schlechte Transportmöglichkeiten (Eselskarren auf Feldweg) beendeten die erste Welle der Industrialisierung; erst die Schlüsseltechnologie der Stahlverarbeitung, die den Aufbau eines Eisenbahnnetzes erlaubte, brachte den nächsten Boom zuwege. Doch an dessen Ende war die Energieerzeugung immer noch auf die Dampfmaschinen großer Fabriken konzentriert: die Wachstumsgrenze des zweiten Kondratieff. Erst mit Werner von Siemens' Erfindungen zur Stromerzeugung und -nutzung in großem Stil konnte Energie dezentral in jedem Handwerksbetrieb und in jedem Haushalt eingesetzt werden: neben der modernen Chemie die Basisinnovation für die dritte, die ›deutsche‹ Langwelle. Die Eisenbahn kann weder Waren noch Personen von Haustür zu Haustür bringen: Individuelle Mobilität war das Defizit am Ende des K'3, das Auto die Schlüsseltechnologie für den K'4. An dessen Ende hing die Produktivitätssteigerung am Effizienzmangel in der Informationsverarbeitung fest; hinzu kam 1972 mit der Studie des Club of Rome das Bewusstsein der ›Grenzen des Wachstums‹, real bestätigt 1973 durch die Ölkrise. Erst die Basisinnovation *Computer* eröffnete dann vollkommen neue Wachstumsmöglichkeiten, und zwar erstmals in hohem Maße unabhängig von einer Steigerung des Material- und Energie-Input. Bereits das hätte eine Epochenwende sein können – wenn es nicht immer noch disfunktionale Macht gäbe – bzw. eine bewusste Blockade der überlagernden Megawelle. Daher jetzt ein kurzer Blick auf grundsätzliche Ursachen und Methoden der Blockaden der jeweils neuen Booms.

Blockade durch dysfunktionale Macht – und die Grenznutzentheorie

Jedem Übergang zur nächsten Langwelle stellten sich anfangs die Interessen der jeweils zuvor großgewordenen Branchen hinderlich in den Weg. Dieses Machtproblem bzw. die ›Übertreibungslogik‹, die sich schlicht aus dem positiv rückgekoppelten Drang allen Lebens zur Steigerung ergibt, ist eine natürliche Reaktion auf Erfolg, ebendieser Erfolg hat ja die Macht geschenkt; er soll mit dieser Macht aufrechterhalten werden usw.: *Weiter so, Deutschland!*, dieses Motto aus dem Bundestagswahlkampf 1987 bringt es auf den Punkt. Ökonomisch präzise müsste es lauten: ›Mehr vom Gleichen trotz unterschrittenem Grenznutzen!‹

> Zur Grenznutzentheorie[42]: Wenn ich hungrig in einen Biergarten komme, ist eine Portion Bratwürste ein Hochgenuss. Bei der zweiten Portion fällt mir auf, dass sie eigentlich überteuert ist. Zur Investition in eine dritte Portion bin ich nicht mehr bereit; stattdessen bestelle ich eine Maß Bier, obwohl auch die mir teuer erscheint. Aber durch den Bratwurstkonsum habe ich Durst bekommen. – Anfangs liegt der Nutzen einer Portion Bratwürste deutlich über dem Marktpreis, also kaufe ich. Bei der zweiten Portion ist deren ›Grenz-Nutzen‹ fast erreicht; der von mir subjektiv empfundene Nutzen ist dem Marktpreis annähernd gleich. Der Nutzen der nur angedachten dritten Portion liegt eindeutig unter dem Marktpreis; der Grenznutzen ist endgültig unterschritten. Ich entscheide mich für etwas anderes, für ›Aufhören-mit-Essen‹ und für ›Trinken‹, dessen Nutzen nunmehr über dem Preis liegt.

Dieses alltägliche Konsumentenverhalten und seine Deutung durch die Grenznutzentheorie ist längst Dreh- und Angelpunkt der Marktforschung

42 Sie geht auf Hermann Heinrich Gossen (1810–1858) zurück. Ähnlich der Kondratieff-Theorie wurde dessen 1854 erschienenes Werk *Die Entwicklung der Gesetze des menschlichen Verkehrs und der daraus fließenden Regeln für menschliches Handeln* erst durch eine Wiederentdeckung bekannt.

und des Marketing. Wenn man es auf den Ablauf der wirtschaftlichen Epochenübergänge anwendet, d.h. auf das Investitionsverhalten zu Beginn einer neuen Konjunkturwelle aufwärts, heißt das: Aufgrund des vorangegangenen Kondratieffbooms hat sich eine Dampfmaschinen- bzw. Omnibus- bzw. Großrechner-Lobby gebildet, die gegen Ende der jeweiligen Welle ihre Macht dahingehend auszuspielen versucht, mehr vom Gleichen absetzen zu können. Es ist, als zwänge mich jemand zu einer dritten Bratwurstportion, obwohl ich ganz und gar satt bin und verdurste. Also: die Propheten des Neuen leben gefährlich, denn ihnen gegenüber pflanzt sich die geballte Macht des jeweiligen *Old Age* auf.

Eklatantes Beispiel in der Geschichte ist das Schicksal des Tübinger Ökonomen Friedrich List, der das Transportproblem als Ursache der damaligen Not erkannt hatte und sich zunächst 1819 für die Aufhebung der innerdeutschen Zollschranken, später ab 1832 für den Eisenbahnbau in Deutschland einsetzte und dafür jeweils Anfeindungen, Verlust seiner Professur samt staatlicher Verfolgung erlitt, was ihn schließlich in den Selbstmord trieb.

Die Übertreibungslogik entstand nicht erst mit der Industrialisierung. *Mehr vom Gleichen, weil's so erfolgreich war!* ›sagt‹ auch der Hirsch, dessen Geweih nur einen Vorteil bietet: den Sieg im Kampf um Paarungsmöglichkeit, aber im Alltag eher hinderlich ist. Nachdem es für einen vom Wolfsrudel gejagten Sechzehnender unvorteilhaft ist, an einem Ast hängenzubleiben, hat die Geweihgröße ungefähr den Grenznutzen erreicht; d.h. hier ›testet‹ auch die Evolution aus, wo die Grenze zwischen Vor- und Nachteilen einer bestimmten Entwicklung liegt. Die Grenznutzentheorie ergänzt, verfeinert und konkretisiert das oben in Kapitel 3 über die Grenzen des Wachstums im Zusammenhang mit der Evolutionstheorie Gesagte. (Sechzehnender gibt's faktisch nur im Zoo.)

Noch ein kulturgeschichtliches Beispiel für die Übertreibungslogik: Lange vor der Dampfmaschine brachten im alten Ägypten Kanäle Vorteile für alle; die Sklaverei hatte einen erkennbaren Nutzen. Doch nachdem das System der Sklaverei einmal installiert und so erfolgreich war, konnte man damit auch den Bau von Pyramiden und Paläste erzwingen, auch wenn dies disfunktional war.

Was sind die heutigen Defizite, und durch welche Basisinnovationen werden sie überwunden, um einen ›sechsten Kondratieff‹ auszulösen? Sperrt sich im gegenwärtigen Übergangsprozess etwas gegen politisch-strukturelle Veränderungen, vergleichbar dem Fall der Grenzen 1833? Werden weiterführende Erfindungen, analog zur Eisenbahn vor 1835, vielleicht sogar bewusst unterdrückt?

Oben in Kapitel 2 stellte sich die Frage, was uns heute versklavt bzw. einen ›natürlichen‹ Übergang in die ökologisch-soziale Marktwirtschaft verhindert. Dabei stießen wir auf bestimmte Interessengruppen und Akteure. – Wenn wir im Folgenden auf die Langwellen der Konjunktur blicken und uns mit den Branchen befassen, die den nächsten Boom bringen könnten, werden wir zu einem recht ähnlichen Ergebnis kommen.

Der sechste Kondratieff und die Rolle von Religion und Spiritualität

Schlüsselbegriffe für den künftig möglichen Aufschwung sind ›Kooperationsfähigkeit‹ und ›psychosoziale Gesundheit‹. Wodurch eine freie Entfaltung dieser Potenziale heute blockiert wird, macht ein Blick auf das Gegenteil davon deutlich, also auf den ›entropischen‹ Sektor der Gesellschaft, ein Blick auf die Kosten für ›nichts und wieder nichts‹, d.h. für Verluste, Reparaturen, Symptomkurieren und Alibi-Veranstaltungen, für Kriminalität (1.000 Mrd. US-$), Drogen (800), Schmiergeld (1.000), Alkohol (600), Glücksspiel (800), Umweltzerstörung (2.800), Rohstoffverschwendung (2.500), Militär (800) usw.[43]

43 Zahlenangaben nach Leo A. Nefiodow: Der sechste Kondratieff (vgl. o. Anm. 38), S. 106.

Insgesamt werden die Kosten der Destruktivität auf 10.000, zusammen mit den Krankheitskosten[44] auf 15.000 Mrd. $ jährlich weltweit geschätzt – das Weltsozialprodukt, also die jährliche positive Wertschöpfung, ist nur doppelt so hoch: 30.000 Mrd. $[45]. Es geht jedoch nicht nur um aktuelle Summen, sondern auch um Zukunftstrends. Ob der Anteil verhaltensauffälliger Kinder stetig steigt oder ob weltweite Militäreinsätze zunehmen, die Frage ist immer, zusätzlich zum unnennbaren menschlichen Leid: Wie lange hält das derzeitige System die zunehmende Destruktivität noch durch? Gibt es Grenzwerte, bei deren Überschreitung alles zusammenbricht? Wann kommt es zum ›Crash‹ wie bei den Heuschrecken?[46]

›Destruktiv‹ heißt: Ressourcen, Geld und menschliche Leistungen, Arbeit, Kreativität landen in Sackgassen, wo sie nichts zur Wertschöpfung beitragen, *weder* zu einem förderlichen, d.h. Menschen aufbauenden Konsum *noch* zur Investition, dem Aufbau von Lebensgrundlagen. Zum entropischen Sektor kommt hinzu, dass in den meisten Ländern der ›Dritten Welt‹ der dringend nötige Aufbau unterbleibt. Hier schließt sich der Teufelskreis: Ein Großteil der Sicherheitskosten ist ja wiederum durch mangelnde weltweite Verteilungsgerechtigkeit und dadurch ausbrechende (Bürger-)Kriege mitbedingt.

Diese Destruktivität ist das strukturelle Defizit, das in die derzeitige Abwärtsentwicklung führt und den nächsten Aufschwung verhindert; sie hat denselben Stellenwert wie ehedem im frühen 19. Jh. die miserablen Straßen, die Unfähigkeit, Stahlschienen herzustellen, das krampfhafte Festhalten an der Kleinstaaterei, die Angstpropaganda, bei einer Eisenbahngeschwindigkeit von über 30 km/h würde sich das Hirn zerlegen (obwohl die Physik spätestens seit Newton dies hätte widerlegen können). Sie markiert eine ebensolche Rückständigkeit wie Rohrpost und

---

44 Die destruktiven Kosten (Gesundheitsschäden, niedrige Produktivität in der Medizin) lassen sich recht schwer trennen von den Kosten der konstruktiven Gesundheitsförderung.

45 Zahlenangaben nach Leo A. Nefiodow a.a.O., S. 106.

46 Vgl. o. S. 77.

Buchungsmaschinen noch in den 1970er Jahren und das damalige Telefonmonopol der Post: Unfähigkeit zu EDV und Kreativitätsverbot in der Kommunikation.

Durch welche Basisinnovation(en) lässt sich der heutige ›Flaschenhals‹ überwinden?

Seitens der Kondratieff-Nachfolger werden folgende Zukunftsbranchen genannt: Eine weiterentwickelte Informationstechnik, Umweltmarkt, Biotechnologie, Gesundheitswesen und Spiritualität. In allen Bereichen ist zu unterscheiden zwischen den herkömmlichen Rahmenbedingungen und der Zukunftsentwicklung unter geänderten Voraussetzungen, und das heißt zwischen der Bindung an energie- und materialaufwendiges Wachstum (›Hardware‹, Kapitalstock, ›Gesetz‹) und der Befreiung zu reinem Informationswachstum bzw. der Steigerung menschlicher Fähigkeiten (›Software‹, Kreativität, ›Evangelium‹). Das ist der eigentliche Punkt![47] Denn immer schon waren Wachstum und Wohlstandsentwicklung an die zwei grundverschiedenen Faktoren Energie/Material und Information geknüpft. Ersteres bzw. ›Hardware‹ bzw. Kapitalstock-Wachstum fordert von den Menschen einen weitaus höheren Verzicht als Letzteres, führt immer wieder an Grenzen und in Engpasskonflikte und zerstört die natürliche Umwelt. Es war in vergangenen Epochen unumgänglich, doch heute ist der Punkt erreicht, da sich die Menschheit ein für alle Mal von diesem Zwang verabschieden kann, ja muss. – Doch dagegen sperrt sich derzeit noch alle Macht des Faktischen:

- So wird die bisherige Informationstechnologie durch die Automatisierungstechnik geradezu aufgesogen und in *eine* Richtung, Automatisierung, ›Ausrüstung-gegen-Arbeitsplätze‹ gezwungen; künftig muss sie sich auch in andere Richtungen, etwa Einsparung von Schwerlastverkehr und Ressourcen, frei entwickeln können.

47 Dies wird selbst von Nefiodow, der den prinzipiellen Unterschied zwischen Mengen/Energiewachstum und Informationswachstum betont, m.E. noch nicht konsequent genug zugespitzt.

- Umweltmarkt und Solartechnik[48] werden derzeit noch durch das Ausbleiben einer tiefgreifenden ökologischen Steuerreform blockiert. Es sind die immer noch übermächtigen Branchen vergangener Kondratieffs, etwa die Transportlobby, die sich eisern an der bisherigen politischen Weichenstellung festklammern (›*Mehr vom Gleichen ...!*‹). So entstehen derzeit an allen deutschen Autobahnen riesige LKW-Parkplätze. Das heißt: Obwohl jeder weiß, dass die Tage jener ›old technology‹ gezählt sind, werden wider alle Vernunft kurz vorher noch einmal große Flächen versiegelt und unwiederbringlich der Natur entzogen.
- Die Ambivalenz der Biotechnologie ist bekannt; wegen der Gefahr irreparabler Schäden durch genmanipulierte Arten muss hier auch in Zukunft strengste Vorsicht walten. Zusätzlich geht unter den heutigen Bedingungen eine Gefahr von der Umklammerung der Genforschung durch Chemiegiganten aus: ›Roundup‹ etwa (Totalherbizide auf resistent gemachte Anbaupflanzen, d.h. alles stirbt – bis auf die genmanipulierten Nutzpflanzen) zwingt der Biotechnologie eine spezielle Entwicklungsrichtung auf – analog zum Roboter-dominierten Maschinenbau und IT-Bereich. Während dies den Gifteinsatz und die Vernichtung von Insekten und seltenen (›Unkraut‹-)Pflanzen ankurbelt, sind andere BioTech-Anwendungen ökologisch nützlich: Die Resistenz gegen Schädlinge – klassisches Ziel der Pflanzenzüchtung, das sich durch die neuen Methoden schneller erreichen lässt – führt gerade zur Einsparung von Pflanzenschutzmitteln. Und die verbilligte Medikamentenherstellung durch BioTech-Verfahren ist eine soziale Errungenschaft ersten Ranges, wie etwa vor 120 Jahren die Stromverbilligung durch Umspannwerke.

48 Dies wurde auch im Zusammenhang mit der Bonner Internationalen Konferenz für erneuerbare Energien deutlich; vgl. Michael Bauchmüllers Leitartikel des SZ-Wirtschaftsteils vom 5. Juni 2004. Ein jüngster Beleg für die Blockade neuer Branchen durch die Macht der bisher Vorhandenen findet sich in der Maischberger-Sendung (20.11.2019), die im Literaturverzeichnis aufgeführt ist. Franz Alt, offenbar Kondratieff kundig, wartet hier mit massiven aktuellen Zahlen auf.

- Der bisherige medizinische Reparaturbetrieb ist auf Belegzahlen und Gewinn erpicht. Was zu Einsparungen führen könnte, wird der privaten Finanzierung anheimgestellt: ›ganzheitliche‹, ›alternative‹ Heilmethoden und die große Bandbreite unterschiedlicher Psychotherapien, von denen die Krankenkasse bestenfalls gerade einmal zwei erstattet. Auch an dieser Stelle zeigt sich die Notwendigkeit veränderter politischer Rahmenbedingungen, denn Vollbeschäftigung, soziale Geborgenheit und ›heile Natur‹ sind die besten Voraussetzungen für Gesundheit. Eine garantiert ausreichende soziale Absicherung, etwa durch ein Grundeinkommen, würde tatsächlich ›mehr Eigenverantwortung‹[49] für die eigene Gesundheit ermöglichen und befördern. Unter heutigen Bedingungen, z.B. Rentenkürzungen, ist diese (neoliberale) Forderung dagegen zynisch! Mehr Eigenverantwortung der Patienten brächte *alle* therapeutischen Ansätze in einen konstruktiven Wettbewerb zu mehr Überprüfbarkeit ihrer Leistung.
- Auch die Chance der Kirchen liegt im Zukunftsmarkt umfassender Gesundheit; denn die traditionell gepredigte Liebe, Rücksicht auf Schwächere und das Herbeiführen eines guten Gewissens sind ebenso gesundheitsförderlich wie Spiritualität und innere Glaubensgewissheit. – Doch während die Kirche den religiösen Boom der Nachkriegsjahre noch dazu nutzte, bewusst rückschrittliche Regeln und unverständliche Formeln zu restaurieren[50], wird der jetzige

49 Dies meint etwa eine Beschränkung der gesetzlichen Versicherung auf stationäre Behandlung, Unfallfolgen und chronische Krankheiten. Wären die ambulanten Behandlungskosten selbst zu bezahlen, wäre einerseits der Anreiz zur gesunden Lebensweise (Ernährung, Bewegung, psychische Hygiene/Entstressung, rechtzeitige Vorsorge/Beratung) größer, andererseits komplette Wahlfreiheit für die Behandlungsmethoden gegeben.

50 Um es für Kirchenerfahrene konkret zu benennen: Der Kirchenboom der Nachkriegsjahre, gespeist aus der Einsicht in die Notwendigkeit einer menschlichen Welt und aus Erfahrungen existenzieller Bedrohung durch den Nationalsozialismus, wurde in der evangelisch-lutherischen Kirche geradezu ausgenutzt, um sowohl die rückwärtsgewandte ›Ordnung kirchlichen Lebens‹ als auch eine besonders traditionsorientierte Liturgie/Agende samt unverständlichen Formulierungen einzuführen. Das 19. Jahrhundert sowie die erste Hälfte

Spiritualitäts-Zug weiterhin an ihr vorbeifahren, wenn nicht auch sie genau zu unterscheiden lernt zwischen alt und neu, zwischen patriarchal-asketischen Zwängen und Prophetie der Befreiung – bzw. in Kirchensprache: zwischen Gesetz und Evangelium.

Spiritualität ist nicht nur eine der von den Ökonomen vorhergesagten Zukunftsbranchen; vielmehr hält die Kirche den Schlüssel in der Hand, mit der sich für alle – unabhängig von ihren persönlichen Glaubenseinstellungen – die Tür zur Zukunft öffnen lässt. Denn dass selbst die Wirtschafts-Fachwelt es nicht schafft, alles auf die Frage **Kapitalstockwachstum oder Informationswachstum?** zuzuspitzen, zeigt, dass sich erst eine *Bewusstseins-Türe* öffnen muss. Wir sind fixiert auf den moralisch-asketischen Komplex als der geistigen Grundlage des Hardware-Wachstums, ohne es zu merken. An diesem Punkt sind die Stifter und Erhalter dieses Denk- und Verhaltensmusters gefragt. Denn nur in dem weit über die geschriebene Geschichte hinaus zurückreichenden Erinnerungsschatz der biblischen Religionen ist das Wissen über die Mega-Langwellen gespeichert, die die Kondratieff-Wellen überlagern:

Mega-Langwellen seit der Steinzeit

›Die Geschichte der Zukunft‹ hat Erik Händeler[51] sein Plädoyer für Kondratieff betitelt. – Das ist eigentlich ein guter Arbeitstitel auch für die Theologie, die im Unterschied zur Kondratieff-Schule freilich weit mehr als nur die letzten 250 Jahre Industrialisierung in den Blick nimmt. Das Geschichtsbild der biblischen Religion[52] reicht, wie soeben in Kapitel 4

des 20. Jahrhunderts waren demgegenüber von liberalen, aufgeklärten und damals lebensnahen Tendenzen in der Kirche geprägt gewesen.

51 Erik Händeler: Die Geschichte der Zukunft (s. o. S. 137, Anm. 38).

52 Dies ist der Oberbegriff für vier konkrete Religionen: die altisraelitische, die jüdische, die christliche und die islamische, ebenfalls ein Widerhall der biblischen Heilsgeschichte. Vgl. Assmann, Die Mosaische Unterscheidung (s. o. S. 95, Anm. 23).

dargelegt, mindestens bis ins vierte vorchristliche Jahrtausend zurück, andeutungsweise sogar bis zur Entstehung der Zivilisation um 10.000 v. Chr., die in 1. Mose 2 mit Obermesopotamien zutreffend lokalisiert wird.

Die drei Epochen: Urstand, Sünde, ›Zukunft‹ (= Wiederkunft Christi) sind im Alltagsbewusstsein verankert. Seit der ›Renaissance‹, d.h. ›Wiedergeburt‹ der ideal vorgestellten Antike empfinden wir unsere eigene Epoche als ›Neuzeit‹ und werten das zwischen der vorbildlichen Antike und uns Liegende als ›Mittel-Alter‹ ab.

Das oben in Kapitel 4 zusammengetragene Wissen führt zur grundsätzlichen Bestätigung dieser Mega-Langwellen-Bewegung, korrigiert aber die Datierung: Wenn der ›Sündenfall‹ schon vor der klassischen Antike stattgefunden hat, nämlich gegen Ende der Jungsteinzeit und vor dem Entstehen der altorientalischen Großreiche, dann dauerte der Urstand nur bis etwa ins vierte (vorchristliche) Jahrtausend. – Hier ist an Marx anzuknüpfen, der auf Bachofens Matriarchatstheorie seine Vorstellung von einer Urgesellschaft gründete.

Das ›mittlere‹ Zeitalter würde dann im Grunde immer noch anhalten und wäre erst künftig mit einer ökosozialen Wende ganz und gar beendet. Andererseits käme die Zukunft von Freiheit und Wohlstand bereits in manchen Aufbrüchen zum ›Vor-Schein‹ (Bloch): etwa in der Renaissance und Reformation. D.h. spätestens seit dem Auftauchen des ›Neuzeit-Bewusstseins‹ ist auch objektiv eine gesellschaftliche Rückkoppelungswirkung der jahrtausendelangen Mühsal zu verzeichnen und der Beginn eines grundsätzlich neuen Zeitalters vor ca. 500 Jahren anzusetzen: seitdem stolzer Bürgersinn den Klosterschulen eigene Universitäten und Gymnasien entgegensetzte, in denen statt Glaubensgehorsam emanzipatorischer Geist und die Fähigkeit zur eigenständigen Quellenforschung (›Humanismus‹) verbreitet wurden. Auch Joachim von Fiore, der den Vor-Schein schon im 13. Jh. wahrnahm, hätte dann rechtgehabt. Aber man könnte noch weiter zurückgehen bis zur mosaischen Unterscheidung (1300 v. Chr.). Dann dämmerte damals schon das neue Zeitalter herauf; noch viel mehr dann in der Vertiefung und Verbreiterung jenes Mose-Weges durch Jesus – was dessen Lieblingswort ›Ernte‹ erklärt.

Mit *Altertum – Mittelalter – Neuzeit* oder *Vergangenheit – Gegenwart – Zukunft* beziehe ich mich auf Denkweise(n) und Begrifflichkeiten des Alltags. Ebenso wenn ich an die Begriffe Re-Naissance, Re-Form, Re-Formation oder Re-Volution erinnere; wenn der Fortschritt, wenn das Erreichen des Besseren so identifiziert wird mit einem ›Zurück-Gebären‹, ›Zurück-Formen‹ oder ›Zurück-Drehen‹, dann lässt sich darin auch die Vorstellung einer Mega-Langwelle mit drei Phasen ausmachen: Paradies – Verlust des Paradieses – Wiedererlangung des Paradieses in der Zukunft.

Man ist geradezu dazu gezwungen, an dieses ›inoffizielle‹ Alltagsdenken zu appellieren, weil die ›offizielle‹ Theologie, der die Drei-Zeiten-Lehre einst in der Antike noch sehr wichtig war, diese allmählich vergessen hat und sich auf die Aufgaben beschränkte, die in der mittleren Sündenepoche zu meistern waren. Indem sich, wie schon erwähnt, die Westkirche auf die Erlösung des Individuums konzentrierte, vergaß sie sowohl die Eschatologie als auch die Urstandslehre. Die aufgeklärte Theologie machte die Paradies und Sündenfallerzählung vollends zum ›Mythos‹, zur Symbolparabel, die nur zeige, wie der Mensch an sich sei.

Es war dem 20. Jh. vorbehalten, die Eschatologie (›Eschato-Logie‹ – Lehre von den letzten Dingen) wiederzuentdecken und mit der säkularen Utopie zu verbinden (Moltmann, Bloch). Was in der Theologie noch aussteht, ist eine Neubewertung der Protologie (Lehre von den ersten Dingen bzw. vom [sündenfreien] ›Urstand‹ des Menschen). Auch die katholische Theologie, die immerhin an der tradierten Lehre vom Urstand festhält, nutzt dieses Wissens-Potenzial nicht. Damit verzichtet man auf den politischen Zündstoff, den die Protologie bietet: Hat es in der Geschichte einen dauerhaften friedlichen Urzustand gegeben, dann muss es auch möglich sein, innerhalb der Geschichte wieder zum Heil zu gelangen: ein Denken, das z.B. Karl Marx beflügelte.[53]

53 Der katholische Befreiungstheologe Johann Baptist Metz verweist mit seiner ›Memoria-Theorie‹ immerhin auf dieses Prinzip, inspiriert durch die liturgischen Formulierungen beim Abendmahl (Erinnerung an die Erlösung durch Christus) bzw. Passahmahl (Erinnerung an die Befreiung aus der Sklaverei). M.E. unterbleibt aber selbst bei ihm der konsequente Schritt, die Erinnerung

Wie oben (Kapitel 4) gezeigt, entspricht der Schilderung des Sündenfalls ein historischer Vorgang, nämlich der tatsächliche Absturz der Menschheit in Engpässe und Konflikte und in den Zwang, für massives ›Hardwarewachstum‹ alles dranzugeben: Freiheit, Konsum, Genuss, Entspannung, Gesundheit, Frieden. Neben jenem Prinzip der Investition wird zwar auch das andere forciert: der Drang zum ›Softwarewachstum‹, zu Information, Kreativität, Ingenieurleistung, Erfindungsgabe und umfassendem Wissen. Doch für die große Mehrheit, die zu Hand und Spanndiensten gezwungen wird und sich ums tägliche Überleben sorgen muss, tritt jene ›schönere‹ Möglichkeit, etwas Aufbauendes zum Ganzen beizutragen, völlig in den Hintergrund, wird jenes große Potenzial, das jede(r) in sich trägt, einfach blockiert.

Die beiden grundverschiedenen Wachstumsfaktoren Ressourcen-Input und Information entsprechen nicht nur zwei menschlichen Reaktionsweisen auf Herausforderungen: Sich-Schinden und Erfinden, sondern auch zwei Evolutionsprinzipien, die in der Sprache der christlichen Tradition ebenfalls exakt benannt und unterschieden werden: Gesetz und Evangelium. Aus der Begrenztheit allen materiellen Wachstums ergibt sich aber natürlicherweise die Information, Kreativität, Komplexität als erster und eigentlicher Weg der Evolution; denn Komplexität ist unbegrenzt steigerbar. Es ist der Weg zu Gott, einer höchsten Komplexität, die ohne Aufwand, allein durch Bewusstsein alles steuert.

---

an das Paradies und den sündenfreien Urstand, jenes kostbare, aber unverstandene traditionelle Dogma, als reale historische Erfahrung aktuell fruchtbar zu machen.

Die folgende Tabelle versucht die technischen und die historischen Begriffe zusammenzubringen:

Wege / Ebenen	**Quantität**	**Qualität**
Wirtschaft	Material, Energie; INPUT, Kapital	Information
Menschliches Verhalten	Arbeit, Verzicht, Investitionszwang	Kreativität, Freiheit
Relig. Weisung/ Verheißung	*Gesetz*; Askese	*Evangelium*, Vision
Evolutionsprinzip	einfache Wechselwirkungssteigerung durch INPUT-MAXIMIERUNG (mehr, schneller, größer)	Wechselwirkungssteigerung durch Komplexitätssteigerung; INPUT-MINIMIERUNG
Konsequenzen	Sättigung → Rückkoppelung	Einsparung von Ressourcen
Gefahr	1. Konkurrenz um begrenzte Ressourcen/ Nischen → Kampf 2. Übertreibung → Crash	Keine Begrenzung Konfliktauflösung Keine Gefahr

Das heißt: Auch die Forcierung des Hardwarewachstums durch die christliche Erziehung zu freiwilligem Verzicht, Unterordnung, Fleiß usw. zielt letztlich ihr eigenes Ende an und das Wiederherstellen paradiesischer Zustände einer entspannten, kreativen Arbeit und eines freien, mühelosen und lustvollen Lebens.

Wenn wir, wie bereits erwähnt, das Drei-Zeiten-Modell revidieren und aktualisieren, sodass nicht die klassische Antike die Urzeit bildet, sondern nur jenes früheste ›Altertum‹, das zur ›Vorgeschichte‹ abgestempelte ›Goldene Zeitalter‹, das bis ins vierte vorchristliche Jahrtausend hinein von sich mit Ovid sagen konnte: *poena metusque aberant* Strafe und Angst gab es nicht – ebensowenig wie (Dauer-)Engpässe und Konflikte; wenn wir dann als ›mittleres Alter‹ die gesamte Zeit von den ersten Festungsbauten und gegen Menschen gerichtete Waffen bis etwa zur ›Agenda 2010‹ oder zum massiven Bau von LKW-Großparkplätzen 2012–2019 bezeichnen,[54] gleichzeitig aber Renaissance, Humanismus und Reformation als grundsätzlichen, senfkornartigen Beginn des Neuen anerkennen, dann lässt sich die Überlagerung der Mega-Langwellen mit den volkswirtschaftlich messbaren ca. 50jährigen Konjunkturzyklen veranschaulichen: Seitdem durch den blutigen und eisernen Wachstumsweg die Talsohle des ›mittleren Alters‹ durchschritten wurde und sich seit 500 Jahren emanzipatorische Schritte nachhaltig durchsetzen, führen auch die 50jährigen Zyklen zu bahnbrechenden Befreiungsschlägen. Wir sind längst mitten in einer großen Aufwärts-Welle, auch wenn uns das Hin und Her der Kondratieff-Wellen immer wieder zwischenzeitliche Tiefs und Rückschritte beschert.

Möglicherweise wird aber mit der noch ausstehenden Freisetzung des K'6 die Beseitigung der letzten Hindernisse auf dem Weg in die wahre ›Neuzeit‹, ›Zukunft‹, ›klassenlose Gesellschaft‹, ›Vormacht eines Göttlichen‹, ins ›Reich der Freiheit und Kreativität‹ (oder nach welcher Tradition/Sprachregelung man auch immer das große Ziel benennen will) in eins

54 Grundsätzlich ist also der Revision der Drei-Zeiten-Lehre durch Karl Marx zuzustimmen, der in der von Bachofen entdeckten matriarchalen Epoche die ›Urgesellschaft‹ erblickte und eine wirkliche Neuzeit erst in der Zukunft erwartete. Vgl. o. S. 148.

fallen. Wenn der ›sechste Kondratieff‹ ausschließlich in Softwarewachstum besteht, dann sind endlich die Weichen wieder auf Kreativität, auf vorrangige Komplexitätssteigerung, auf Entspannung, Konfliktauflösung und die partnerschaftlich-kooperativen, epikuräischen Ur-Zustände gestellt.

Investitionszwang, aktueller Übertreibungs-Hebel und Systemalternative

Bis heute wird unsere Gesellschaft durch denselben Investitionszwang beherrscht, der am Ende des Neolithikums entstand, nun aber zum Anachronismus geworden ist. *Was investiert werden soll, kann nicht konsumiert werden*, es muss den Menschen weggenommen werden: durch Umlage der Investitionskosten über den Zinskostenanteil, teils in den Steuern eines sich verschuldenden Staates, teils in den Preisen für Waren und Dienstleistungen verschuldeter Unternehmen. Angesichts eines Zinskostenanteils in den Lebenshaltungskosten von durchschnittlich über 40% und angesichts der Destruktivität (s.o. S. 143) ergibt sich die Frage, mit welchem Instrument der disfunktionale Wettbewerb um Rationalisierung und Automatisierung, also um Hardware-Ausrüstung, erzeugt wird. Warum besteht dieser Zwang heute noch? Warum ziehen wir nicht die natürlichsten, naheliegendsten Konsequenzen und nutzen den aufgebauten Kapitalstock als Einkommensquelle?

Die Alternative hat sich längst am Horizont gezeigt. Die wirtschaftlichen Vorteile von Ökosteuern werden allenthalben diskutiert. Aber erst wenn sie – samt einer Sachkapitalsteuer – Finanzierungsquelle eines Grundeinkommens für alle sind, werden sie wirtschaftlich attraktiv und politisch mehrheitsfähig. Die Einkommenssicherung wird dann nicht mehr nur über Tarifpolitik stattfinden, sondern auch und vor allem durch ›Öko-Lohn‹-Verhandlungen. Das Zusatzeinkommen wird mehr und mehr zum differenzierten ›Energiesparlohn‹, denn je mehr es steigt, desto höher müssen die Ökosteuern klettern. Verlierer dieser runderneuerten Form der Marktwirtschaft sind dann nicht mehr die Geringvermögenden, denen unter heutigen Bedingungen der Lohnzuwachs durch die Zinsmechanik wieder hinten aus der Tasche gezogen wird, sondern künftig werden durch einen marktwirtschaftlichen Automatismus Energieverschwender zur Kasse gebeten.

Zusammenfassung

Ethik, ob christlich-theologisch oder weltlich-philosophisch, versteht sich meist als Appell. In das, was ist, wird herkömmlicherweise hineingesprochen, was sein soll, individuell wie kollektiv. Es geht einmal darum, was der *einzelne* Mensch mit seiner Verantwortung tun soll, und zum anderen darum, wie die *Strukturen* beschaffen sein sollten, die unser Handeln leiten – letzteres ist das Spezifikum der *Sozial*ethik. Auch sie besteht faktisch meist mehr aus Appellen als aus strukturellen Neukonzeptionen. Ebenso ist die hoch im Kurs stehende sogenannte ›Wirtschaftsethik‹ meist von moralischen Ratschlägen bestimmt[55]. Adressaten sind die Akteure, von den Konsumenten über die Unternehmen bis zum Staat und seinen Führungsverantwortlichen. Letztlich aber bleibt es den bestimmenden Akteuren überlassen, ob und wie viel sie von dem argumentativ Vorgebrachten verwirklichen.

Demgegenüber könnten wir – als Resultat aus den dargestellten Potenzialen – das Augenmerk mehr auf das Können der Wirtschafts- und Sozialethik im Allgemeinen und der christlichen Ethik im Speziellen richten: Welche *Trends* zeichnen sich in Wirtschaft und Gesellschaft[56] ab, und welche *Möglichkeiten des Bewirkens* hat z.B. die Kirche? Wo sind die meis-

55 Als *der* Vertreter einer moralistischen Wirtschaftsethik sei hier nur Hans Jonas genannt.

56 Dies ist ein seltener, aber immerhin vorhandener Ansatz, z.B. Karl Homann: Vorteile und Anreize, Tübingen 2002. Vonseiten der Theologie ist es Ulrich Duchrow, der es nicht beim Sollen belässt, sondern *Alternativen zur kapitalistischen Weltwirtschaft* (Gütersloh – Mainz 1994) darstellt: anhand konkreter Alternativprojekte. Darüber hinausgehend soll hier über die Weiterentwicklung der vorhandenen großen Strukturen nachgedacht werden.

ten *Chancen* zur Überwindung von Arbeitslosigkeit, Armut, Umweltzerstörung, Nord-Süd-Konflikt, und was könnte der Anstoß der Theologie hierzu sein? Gibt es Informationen, die, wenn sie erst einmal ins öffentliche Gespräch kommen, eine eigenmächtige Zugkraft entfalten, Fakten schaffen und, dadurch dass sich neue Mehrheiten bilden oder auch nur zu bilden drohen, die Akteure zu bestimmten (Reform-)Schritten zwingen? Sind neben den Akteuren auch noch *Dynamiken*, und zwar evolutionäre Dynamiken, ›ansprechbar‹ und wachzurufen?

Die Frage zielt auf *Entelechien* hinter den Handlungen und Dingen, auf die Evolution (s. Kapitel 3), die vonseiten der Religion als Entfaltung des göttlichen Schöpferwillens verstanden wird. Es ist die Frage der Revolutionäre, an welchen Punkten das bestehende System deshalb schwach ist, weil es sich gegen die stärkste Macht der Welt, die Evolution, stemmt. Wenn die Vorwärtsdenker in (Zivil-)Gesellschaft und Kirche all ihre Energie und Kraft auf solche Schwachpunkte konzentrieren, könnten sie mit ihrem Um-Denken das Um-Steuern, einen neuen (Kondratieff-)Aufschwung und zugleich eine lange Groß-Epoche friedlicher, kreativer und Menschen wie Umwelt heilender Entwicklung katalysieren. Damit aber hätten wir mehr und etwas anderes als die übliche Appell-Ethik, die man gemütlich im Lehnstuhl (oder auf dem Fernsehsofa) zur Kenntnis nehmen kann, um in aller Beliebigkeit zu entscheiden, ob man sich danach richtet oder nicht. Wir hätten stattdessen Informationen, die selbst zum Attraktor werden, die bewirken, was sie verkündigen, weil sie einen ›Run‹ auf das Vorgestellte auslösen.

Zwischenbilanz zum zweiten Teil ›Begründungen‹

Auf den drei Themenfeldern Evolutionstheorie, Geschichte und Konjunkturwellen hat es sich jeweils als weiterführend erwiesen, den Unterschied zwischen materiellem und geistigem Wachstum bzw. zwischen bloßem Steigern der Wechselwirkung und Erhöhung des Organisations- oder Komplexitätsgrades genau zu beachten. Sowohl in der Entwicklung biologischer

Organismen als auch im zurückliegenden ›Flaschenhals‹ der Geschichte seit dem ›Fall‹ in Dauerengpässe und -konflikte waren auch materielle Steigerungsprozesse nötig – mit all ihren Schattenseiten und Sackgassen. Nachhaltig weiterführend aber ist nur der geistige Prozess. Materielles Wachstum dagegen hat immer rückgekoppelt zu sein. Vor dem Hintergrund aller drei ›Instanzen‹ Evolution, Geschichte und Konjunkturforschung versteht sich die dynamische ökologisch-soziale Marktwirtschaft als Instrumentarium, um materielle Steigerungsprozesse negativ rückzukoppeln (Regelkreis), die Tore zur geistigen Steigerung dagegen aufzustoßen, damit sich der ›Flow‹ der Kreativität künftig vollkommen frei entfalten kann.

Wenn materielles Wachstum immer rückgekoppelt ist, dann ist auch das Ethos, das Menschen zum Verzicht für materielles Wachstum befähigt und antreibt, nur bedingt, nur zeitlich befristet; es hat keinen Ewigkeitswert und keine absolute Gültigkeit. – Ist der Wertewandel, den wir derzeit verzeichnen, tatsächlich Ausdruck einer solchen Rückkoppelungswirkung?

Wenn sich sowohl in der Evolution, d.h. der Geschichte des Universums und der Lebewesen, als auch in der menschlich-kulturellen Geschichte als auch bei den Konjunkturwellen, d.h. in den Gesetzen der Epochenübergänge, der Vorrang des Geistigen zeigt, dann führt das in die philosophisch-wissenschaftstheoretische Frage nach dem Stellenwert des Geistigen überhaupt. Das Nachgehen beider Linien ist Teil einen weiteren, späteren Publikation.

Oft wird der heutige Wertewandel dahingehend missverstanden, als ob sich alle Werte radikal änderten. Von konservativer und ängstlich-christlicher Seite wird der Wandlungsprozess gar als ›Werteverlust‹ bezeichnet. Doch dem ist nicht so. Aus dem politischen Modell, auf das alles hinausläuft (s. Kapitel 1 und 2), folgt nicht nur, welche der in früheren Epochen notwendigen, nun aber veraltet, überflüssig, gefährlich gewordenen Muster in unseren Köpfen und in unserer Kultur endlich ›aufzuheben‹ sind, sondern auch, welche anderen der überkommenen Werte in allem Wandel *bleiben* werden bzw. welche neuen *hinzukommen*. Es wird sich also ein *Leitfaden für den Wertewandel* herausbilden, der Ansatz für eine (zukünftige) *neue Ethik*.

Abschluss

Ob wir eine politische Wende schaffen hin zu einer überlebensfähigen Industriekultur, hängt von einer geistigen Wende ab. Das klingt hochtrabender als es ist, denn von beidem sind wir nur noch einen Hauch entfernt.

Überlebensfähige Industriekultur bedeutet: All die zur Versorgung der Menschen nötigen Produktionsprozesse und Transporte finden bei wesentlich geringerem CO_2-Ausstoß statt, aber auch ohne den Schein-Ersatz durch Hochrisikotechnologien wie Kernspaltungsenergie.

Die politische Wende hängt von einer *geistigen* Wende ab, und diese ist sofort zu haben. Sie ereignet sich im Moment des Informiertwerdens. Sie ist ein ›Umdenken‹, das einfach unmittelbar aus der Erkenntnis, aus der ›Aufklärung‹ bzw. ›Erleuchtung‹ (*enlightenment*) folgt.

Und damit hängt alles, die gesamte Wende, nicht von ›mehr Anstrengung‹ ab, sondern von ›mehr Köpfchen‹, ›mehr Ideen‹, ›mehr Mut‹, ›mehr Spaß‹ – ›Anstrengung‹ dagegen, eines der beliebtesten Stichwörter in der politischen Propaganda, gehört in Wirklichkeit nicht zur Reformlogik, sondern zur Systemerhaltungslogik.

Denn *vor die Tugend*, vor die Tüchtigkeit, vor das Gelingen und Glücken *haben die Götter* eben nicht nur, wie es im Sprichwort heißt, *den Schweiß gesetzt*, sondern auch und noch viel mehr das Denken, die Kreativität, die Einstellungen, das ›Ethos‹ (Max Weber), das Streben nach Höherem und Austüfteln von Neuem und zugleich das Genießen, die Lust – nicht etwa nur am Faulenzen (das aber freilich schon auch, und zwar ohne jegliche Schuldgefühle!), sondern durchaus auch die Lust am ›Suchen und Finden‹ neuer Ideen, an einem sinnvollen Arbeitsprozess, am Zusammenspiel im Team, am Gelingen eines Projekts, am kreativen

›Flow‹. Die Freude am Bewusstsein: Ja, das habe ich/das haben wir geschaffen. Und: Ja, das ist eine tolle Herausforderung für mich/für uns!

Unser Denken orientiert sich aber bis heute gemäß jenem Sprichwort am ›Schweiß‹ und an der ›Anstrengung‹; es wird blockiert durch den asketisch-moralischen Komplex, durch patriarchales und hierarchisches Denken, das aus der Jahrhunderte lang eingeübten religiösen Erziehung stammt und lange Zeit Not-wendig, rettend war, heute aber zerstörerisch wirkt.

Dieser bis heute anhaltende ›Nachhall‹ der religiösen Prägungen in der weitgehend ›säkularisierten‹ Welt ist differenziert zu betrachten. Der Widerspruch, den Max Webers vor rund hundert Jahren gemachte Entdeckungen implizieren, lautet: Weil sich das heutige Bewusstsein so sehr von der Religion emanzipiert fühlt, sind seine aus der einstigen Religion herrührenden Prägungen eben so unbewusst, dass sie ihr unkontrolliertes Eigenleben führen und uns weiterhin beherrschen.

Alle Neuerungen und Aufbrüche bleiben im Stadium der Erprobung, der Irrelevanz und des Mangels an Breitenwirkung, solange wir bei den wirtschaftspolitischen Weichenstellungen nicht den Fuß aus der Angel des Alten und Falschen bekommen. Solange all die, die sich für ›Frieden, Gerechtigkeit und Bewahrung der Schöpfung‹ einsetzen, in der Auseinandersetzung über das politische Steuerungsinstrumentarium nicht den entscheidenden Punkt treffen, zum Thema machen, einfordern, wird die Fehlsteuerung zugunsten des Kapitalstockwachstums und zu Lasten des Sozialen und Ökologischen weitergehen – bis zum Untergang.

Der Punkt, der entscheidet über ein ›Weiter-so‹-mit-der-Kapitalstockmaximiererei oder ein Umsteuern in die ›Wissensgesellschaft‹, liegt dort, wo ihn kaum jemand vermutet; denn er bildet die scheinbare soziale Absicherung der Schwachen und steht scheinbar für Fortschritt: Es ist das ›Tarifkartell‹ der Gewerkschaften, d.h. ihre Macht, auf breiter Fläche Lohnerhöhungen durchzusetzen; es ist die scheinbare Schutzmacht gegenüber der Gegenmacht, dem ›Kapitalkartell‹ – in Wirklichkeit aber der Steigbügelhalter des Raubtier-Kapitalismus. Denn die stetig steigenden Arbeitskosten erzwingen in dieser Wohlstandswelt noch weiteres Wachstum und weiteren Investitionszwang. Oder anders: Nur weil die Tarifpolitik Jahr für Jahr Milliardenwerte an Produktionsanlagen entwertet, werden den reichen Anlegern weiterhin leistungslose Kapitalgewinne gesichert – auf Kosten der Beschäftigten, der Umwelt, der Zukunft.

Würde die breite Mehrheit hingegen ein kapital- und energiesteuerfinanziertes Grundeinkommen als *zusätzliche* Säule der Einkommenssicherung neben dem Arbeitslohn erhalten, würde sie die Steigerungsdynamik aus den Arbeitskosten herausnehmen und einfach auf Kapitalkosten und Energiekosten verlagern. Dann käme endlich das zustande, was die meisten Menschen ersehnen: einerseits ein noch solideres, zukunftssicheres soziales Polster, andererseits der ökologische Umbau der Wirtschaft. Es wäre der heutige Exodus aus dem längst als falsch Erkannten und Beklagten und der Weg in das, was wir trotz der trüben Aussichten eigentlich alle als Vorstellung von der Zukunft im Herzen tragen: die Zukunft als das bessere Jetzt, als das ›Gelobte Land, in dem Milch und Honig fließen‹.

Realisieren lässt sich diese naheliegende Lösung wie gesagt nur, wenn eine ›Wende‹ in den Köpfen stattfindet, d.h. wenn die asketischen, auf Wachstum zielenden Denk- und Verhaltensmuster wieder aufgelöst werden, die uns jene jahrhunderte- und jahrtausendelange Erziehung eingeprägt hat. Dass der entscheidende Punkt nicht nur nicht umsetzbar erscheint, sondern nicht einmal ins Gespräch zu bringen ist, kann nur an diesen lange antrainierten, nicht weiter reflektierten Gewohnheiten liegen, die uns in säkularisierter Form immer noch beherrschen. Das (wirtschaftliche, politische, gesellschaftliche) Sein hängt also vom Bewusstsein ab. Erst der sich momentan real vollziehende Wertewandel ermöglicht uns immer mehr kritischen Abstand dazu bzw. einen anderen Blick auf unsere Traditionen, sodass wir uns nicht nur von falsch gewordenen Prägungen befreien, sondern darüber hinaus das unserer Kultur zugrundeliegende Schlüsselwissen verstehen können. Ein Mythos wie der über Schöpfung und Sündenfall wird plötzlich zum ›Quellcode‹ unseres gesellschaftlichen Systems.

Wenn wir fortfahren, das als richtig Erkannte auch in der Tat umzusetzen, wenn wir es maximal erstreben und austesten – wer weiß, wie sehr uns noch für weitaus mehr als das hier Dargestellte die Augen aufgehen werden.

Literatur

Assmann, Jan: Die mosaische Unterscheidung oder der Preis des Monotheismus, München (Hanser) 2004

ders.: Moses der Ägypter. Entzifferung einer Gedächtnisspur, Frankfurt/M. (Fischer) 2004

Benatar, David: Better Never to Have Been. The Harm of Coming into Existence, Oxford 2007

(Benedikt XVI.:) Glaube und Vernunft. Die Regensburger Vorlesung, Freiburg/Br. (Herder) 2006

Binswanger, Mathias: Der Wachstumszwang. Warum die Volkswirtschaft immer weiterwachsen muss, selbst wenn wir genug haben, Weinheim (Wiley) 2019

Bloch, Ernst: Das Prinzip Hoffnung, Frankfurt/M. (Suhrkamp) 1968 (3 Bde.)

Brunschweiger, Verena: Kinderfrei statt kinderlos. Ein Manifest, Marburg (Büchner) 2019

Chossudovsky, Michel: Global brutal. Der entfesselte Welthandel, die Armut, der Krieg, Frankfurt/M. (Zweitausendeins) 2002, englischsprach. Original (The Globalization of Poverty) 1997

Club of Rome: Die Grenzen des Wachstums. Bericht des Club of Rome zur Lage der Menschheit, Berlin (DVA) 1972, amerikan. Original: Meadows, Donella – Meadows, Dennis – Randers, Jørgens – Behrens, William W. (Hgg.): The Limits of Growth (Nachfolgestudie 2012: siehe Randers)

Duchrow, Ulrich: Alternativen zur kapitalistischen Weltwirtschaft, Gütersloh – Mainz (Gütersloher Verlagshaus – Grünewald) 1994

EKD (Hg.): Für eine Zukunft in Solidarität und Gerechtigkeit. Wort des Rates der Evangelischen Kirche in Deutschland und der Deutschen Bischofskonferenz zur wirtschaftlichen und sozialen Lage in Deutschland. Hannover 1997. (= ›Gemeinsames Sozialwort‹) (http://www.ekd.de/EKDTexte/sozialwort/sozialinhalt.html)

EKD (Hg.): Gemeinsame Verantwortung für eine gerechte Gesellschaft. Initiative des Rates der Evangelischen Kirche in Deutschland und der Deutschen Bischofskonferenz zur wirtschaftlichen und sozialen Lage in Deutschland, Hannover 2014 (= ›Gemeinsame Sozialinitiative‹) (www.sozialinitiative-kirchen.de)

EKD (Hg.): Solidarität und Selbstbestimmung im Wandel der Arbeitswelt. Eine Denkschrift des Rates der Evangelischen Kirche in Deutschland. April 2015, Gütersloh

Epikur, Philosophie der Freude. Eine Auswahl aus seinen Schriften, übersetzt, erläutert und eingeleitet von Johannes Mewaldt, Stuttgart (Kroener) 1960

Erhard, Ludwig: Wohlstand für alle, Düsseldorf (Econ) 1957

Forrester, Viviane: Der Terror der Ökonomie, Wien (Zsolnay) 1997; München (Goldmann) 1998

Global 2000. Bericht an den Präsidenten, 1980, deutsch: Frankfurt/M. (Zweitausendeins) 1980

Görlach, Benjamin/Knigge, Markus: Die ökologische Steuerreform. Auswirkungen auf Umwelt, Beschäftigung und Innovation, Berlin (Ecologic. Institut für Internationale und Europäische Umweltpolitik) 2005 http://ecologic.eu/de/1155

Göttner-Abendroth, Heide: Die Göttin und ihr Heros, München 1980, Stuttgart 2011

Gossen, Hermann Heinrich: Die Entwicklung der Gesetze des menschlichen Verkehrs und der daraus fließenden Regeln für menschliches Handeln, Braunschweig (Friedrich Vieweg & Sohn) 1854 (Originaltext zugänglich via Link im Wikipedia-Artikel über *H. H. Gossen*)

Haarmann, Harald: Vergessene Kulturen der Weltgeschichte, München (Beck) 2019

Händeler, Erik: Die Geschichte der Zukunft. Sozialverhalten heute und der Wohlstand von morgen in Kondratieffs Globalsicht, Moers (Brendow) 2003

Heym, Stefan: Der König David Bericht, München (Kindler) 1972 (Wiederabdrucke bei Reclam, Fischer TB usw.)

Hösle, Vittorio/Illies, Christian: Darwin, Bamberg (Buchner) 2005

Homann, Karl: Vorteile und Anreize. Zur Grundlegung einer Ethik der Zukunft, Tübingen (Mohr/Siebeck) 2002

Jaenicke, Hannes: Wut allein reicht nicht. Wie wir die Erde vor uns schützen können, Gütersloh 2010

Kafka, Peter: Gegen den Untergang. Schöpfungsprinzip und globale Beschleunigungskrise, München (Hanser) 1994

Kondratieff, Nikolai: Die langen Wellen der Konjunktur, Archiv für Sozialwissenschaft und Sozialpolitik 56, 1926, 573–609

Küstenmacher, Marion Haberer Tilmann und Werner Tiki Küstenmacher: Gott 9.0. Wohin unsere Gesellschaft spirituell wachsen wird, Gütersloh 2010.

Lafargue, Paul: Die Religion des Kapitalismus, London 1890

Maischberger, Die Woche (TV-Sendung) 20.11.2019 – https://www.daserste.de/information/talk/maischberger/videos/maischberger-die-woche-video-172.html

Moltmann, Jürgen: Theologie der Hoffnung. Untersuchungen zur Begründung und zu den Konsequenzen einer christlichen Eschatologie, München (Kaiser) 1969

Nefiodow, Leo A.: Der sechste Kondratieff. Wege zur Produktivität und Vollbeschäftigung im Zeitalter der Information, Sankt Augustin (Rhein-Sieg-Vlg.) 1996

Rabe, Hannah: Art. Ökonomie I, Historisches Wörterbuch der Philosophie (Hgg. Ritter, Joachim/Gründer, Karlfried) Bd. 6, Basel (Schwabe) 1984, 1149–1153

Randers, Jørgens: 2052. Der neue Bericht an den Club of Rome. Eine globale Prognose für die nächsten 40 Jahre, München (oekom) 2012 (Original: 2052. A Global Forecast for the Next Forty Years)

Schmidt, Klaus: Sie bauten die ersten Tempel. Das rätselhafte Heiligtum der Steinzeitjäger. Die archäologische Entdeckung am Göbekli Tepe, München 2006 (Beck) = München 2008 (dtv)

Schneider, Ulrich: Theologie als christliche Philosophie. Zur Bedeutung der biblischen Botschaft im Denken des Clemens von Alexandria, Berlin (de Gruyter) 1999, Arbeiten zur Kirchengeschichte (AKG) Band 73 (= Diss. Erlangen 1995)

Schumpeter, Joseph A.: Konjunkturzyklen, Göttingen (Vandenhoeck & Ruprecht) 1961

Stiglitz, Joseph E.: Die Schatten der Globalisierung, Berlin (Siedler) 2002, amerikan. Original: Globalization and Its Discontents 2002

Tillich, Paul: Systematische Theologie I, Stuttgart (Evangelisches Verlagswerk) 1956

Tylecote, Andrew: The Long Wave in the World Economy, London (Routledge) 1992

Wilson, Ian: The Bible is History, Washington (Regnerey) 2000

Ziegler, Jean: Der Hass auf den Westen. Wie sich die armen Völker gegen den wirtschaftlichen Weltkrieg wehren, München (Bertelsmann) 2009

Nachwort zu den jüngsten ›Klimabeschlüssen‹ der Bundesregierung

Unsere Gesellschaft – in Deutschland und auch weltweit – flirtet derzeit heftig mit der Zukunft – oder auch mit ›Frau Weisheit‹ (Sprüchebuch 1,20; 8,1; 9,1), der ägyptischen Göttin Ma'at, die sowohl für objektive Weltordnung und Wahrheit steht als auch für menschliche Orientierung und Weisheit. Indem Teile dieser Gesellschaft an den *Fridays for Future* oder als *Extinction Rebels* immer mutiger und drastischer gegen die Klimakatastrophe aufstehen; indem politische Beschlüsse gefasst werden, die einen kleinen Schritt in die richtige Richtung gehen; indem offener über neue wirtschaftspolitische Modelle debattiert wird.

Noch überwiegen allerdings Unverständnis, Missverständnis, Verdunkelung. Und die offizielle Politik tut alles, damit wir nicht auf die richtige Spur, auf den Geschmack, auf die kreative Euphorie kommen. So ist aktuell eine gespaltene Gesellschaft zu erleben:

Die einen, die ***Fake-News-Fans***, haben vor gesellschaftlicher Veränderung mehr Angst als vor der Klimakatastrophe. Statt sich auf eine Zukunft zu freuen, in der sie es leichter und lustvoller haben werden als heute, kleben diese lieber ›Fuck you, Greta‹ aufs Heck ihres aufgemotzten Boliden. Sie ahnen nicht, dass sie nach der anstehenden Wende mehr Geld haben, es aber kaum noch für zerstörerisches Verhalten ausgeben werden. Sie können sich nicht vorstellen, dass sie mit derselben Selbstverständlichkeit, mit der sie heute täglich mit dem Auto rasen, die Ölheizung aufdrehen, einzeln verpackte Mini-Schokoriegel kaufen und zum Urlaub Flugreisen buchen, schon bald einen ökologischen Lebensstil pflegen werden, der Spaß bringt, weil er sie in jeder Hinsicht ›reich‹ machen kann: nicht nur finanziell, sondern auch gesundheitlich, und weil sie sich wieder als Teil dieser Erde fühlen und statt sich im Hamsterrad des Wachstumszwangs abzustrampeln, im kreativen Flow des Lebens persönlich, geistig, bei der Steigerung der individuellen Fähigkeiten vorankommen können.

Bei den anderen, den ***Gutwilligen***, erlebe ich oft, dass sie beim Thema Umwelt betroffen den Blick senken und murmeln: ›Ja, da müsste man mehr tun‹. Grundsätzlich verbindet sie mit den Klimawandel-Leugnern, dass auch sie das Stichwort ›Klima‹ als moralinsauren Appell (miss)verstehen – nur mit dem Unterschied, dass sie jenen Appell aus Einsicht gutheißen. Doch es überhaupt so aufzufassen, als ginge es um eine mit erhobenem Zeigefinger ausgesprochene Ermahnung, sich persönlich endlich ökologischer zu verhalten, führt dazu, dass die Gutwilligen sich schuldig fühlen, wenn sie immer noch mit dem Klimakiller Benzin ihre Gefährte betreiben bzw. noch nicht in ein E-Fahrzeug investiert haben, schuldig, wenn sie sich kein Gemüse aus dem Bioladen und keine unter gerechten Arbeitsbedingungen produzierte Kleidung leisten können. Sogar Greta Thunberg scheint dies mit dem Begriff ›Flugscham‹ und ihren medienwirksamen Atlantik-Überquerungen als dreiwöchige Segeltörns[57] zu vermitteln: ›Es liegt an deinem persönlichen Verzicht und an deinen persönlichen Anstrengungen.‹

Dabei gibt es in diesem Zusammenhang kaum einen schlechteren Leitsatz als den weit verbreiteten: ›Jede/r hat bei sich selbst anzufangen.‹ – Nein, es geht um wirtschaftspolitische Weichenstellungen; es geht um

---

57 Mit modernen Schiffen lässt sich der Atlantik in dreieinhalb Tagen überqueren. Dies ist durch einen enormen Dieselverbrauch erkauft und damit unverantwortlich; deshalb segelte Greta logischerweise. Indes gibt es seit 100 Jahren eine vollkommen ›grüne‹ Technik des Schiffsantriebs: *Savonius-Rotoren*, Windrotoren mit senkrechter Achse. Kombiniert mit einem modernen Elektroantrieb, der durch Solarzellen auf der Schiffsoberfläche gespeist wird, käme man auch auf ein hohes Tempo. Aus beiden Energiequellen, Rotoren und Solarzellen, könnte überschüssiger Strom in Akkus oder/und durch Elektrolyse in Form von Wasserstoff gespeichert werden (um später in Wasserstoff-Brennstoff-Zellen wieder Strom zu erzeugen). Dies ist nur ein Beispiel für zahlreiche in den Schubladen schlummernde Techniken, die sich aber erst unter neuen Rahmenbedingungen wirklich lohnen werden.

eine neue Ordnung; noch weniger und zugleich mehr: Es geht eigentlich um ein neues Denken, um das Wahrnehmen von etwas längst Bereitetem, uns längst in Fülle zur Verfügung Stehendem.

Jener falsche Eindruck, die Zukunft sei nur durch Verzicht und Mühsal zu haben, wird durch eine politische Propaganda verstärkt, die einen Milliarden-Investitionsbedarf für die ›neuen Technologien‹ betont, statt einfach zu sagen, dass wir nur die Hunderte von Milliarden Euros Fehlsteuerungsaufwand jährlich stoppen müssten, damit der rettende Öko-Technik-Boom von alleine laufen kann, und dass die dafür erforderlichen Mittel, verglichen mit dem Wahnsinn des heutigen Automatisierungsbedarfs, ein Klacks sind.

Und es fehlt meist die Ahnung, dass das Neue so weit vom Bisherigen weg ist, dass selbst Bemühungen, es konkret zu schildern, auch die von mir vorgestellte *dynamische ökologisch-soziale Marktwirtschaft*, holprig, unvollkommen und ganz und gar nur aus dem jetzigen Kontext heraus erdacht sind, während sich das, was da jetzt entsteht, was da demnächst womöglich ziemlich überraschend über uns kommen und plötzlich ›gezeugt‹ werden wird, sich weit über unsere jetzigen Begriffe erheben und in rasendem Tempo unseren jetzigen Vorstellungen und stümperhaften Maßnahmen davoneilen wird.

Ja, die Zeugung eines Kindes, jener Ur-Akt des Lustvoll-Schöpferischen, ist vielleicht das zutreffende Bild für die kreative Revolution, die uns bevorsteht: Indem sich ein Paar ganz der Liebe hingibt, ganz in den Prozess von Werden und Vergehen eintaucht, vollbringt es das ›Wunder‹, dass in einem winzigen Tröpfchen (Sure 96,2) ein weiterer Schöpfungsprozess in Gang gesetzt wird: das ›Spielen‹ und Neukombinieren der Gene beider, die Entstehung eines Individuums in einer Zelle und dann deren fortlaufende Teilungen. Und damit die Entstehung eines neuen Menschen, der sich unabhängig von seinen Erzeugern selbst entfaltet und auch später, nach der Geburt, ebenfalls trotz aller äußeren Abhängigkeiten immer mehr Unabhängigkeit und Selbständigkeit entwickelt.

Noch hadern wir mit den Politiker(inne)n, weil sie mit ihren ›Klimabeschlüssen‹ aus Sicht der Progressiven nicht weit genug gehen, aus Sicht der Konservativen viel zu weit, uns bevormunden, uns neue Lasten auferlegen. Noch glauben die Mächtigen, uns täuschen zu können, indem sie jede Forderung nach einem ›sozialen Ausgleich‹ für die neuen CO_2-Abgaben (die offenbar bewusst plötzlich nicht mehr ›Ökosteuern‹ genannt werden) rasch und diskussionslos vom Tisch wischen. Und dennoch hat sich das Ancien Régime damit verzweifelt wie eine hilflose Ameise noch weiter in den labilen Sandtrichter bewegt, in dessen Zentrum ein revolutionärer Ameisenlöwe (eine gefräßige Insektenlarve) schon darauf wartet, dass sie sogleich die Trichterwände hinunterrutscht und ihm dann zum Opfer fällt.

Erst wenn das Erkennen dieser derzeitigen Lage wie bei der Betrachtung eines Vexierbildes ›umklappt‹, erst wenn immer mehr Menschen begreifen: Es muss genau um den so heftig unter den Teppich gekehrten ›sozialen Ausgleich‹ gehen; ›Ökosteuern‹, ›Klimaabgaben‹ oder wie immer man es nennen mag, sind *Quellen eines Einkommens für uns*, ja, und wir wollen mehr davon – erst dann ist die jetzige politische Elite wirklich zum Umdenken und Handeln gezwungen. Erst dann fallen die jetzigen Machtstrukturen dahin, geraten wir in den eigendynamischen Prozess gesellschaftlichen Werdens und Vergehens und entsteht der Freiraum für die neue wirtschaftspolitische Ordnung. Erst dann kommt es zur Vereinigung mit Frau Zukunft bzw. Göttin Ma'at, die einem sich selbst entwickelnden Wesen Raum geben kann, sich unabhängig von uns zu entfalten. Unabhängig davon, wie viele Menschen die Einzelheiten der wirtschaftspolitischen Wende kapieren; staunend, mitunter begeistert, vielleicht sich stürmisch beteiligend werden sie jene Wende erleben, die vor ihren Augen abläuft wie eine chemische Reaktion, um in einen energieärmeren Zustand zu führen.

Wer es einmal verstanden hat, wir stehen vor der Entscheidung Weiterackern, Weiterschuften für ein sinnloses materielles Wachstum auf Kosten der Natur oder aber Ernten, Genießen, Schöpferischsein und Geschehenlassen, dem/der muss es wie ein Hohn vorkommen, wenn die neue EU-Kommissionspräsidentin Ursula von der Leyen »Klimaneutralität« für 2050 ankündigt und dafür auch noch als ehrgeizig gelobt bzw.

skeptisch beäugt wird. Nein, wir brauchen, wir machen, wir sind die Revolution und zwar JETZT.

Vorläufig sind wir – betrachten wir es doch optimistisch – mitten in einem phantastischen Wertewandel, vorläufig zerbrechen wir uns die Köpfe oder reden sie uns heiß – im Rahmen unseres werbenden, anbandelnden Liebesspiels. Vorläufig bekommen wir dabei bereits manchen Kuss geschenkt, indem wir z. B. jetzt schon Niedrigst-Zinsen zu verzeichnen haben. Aber erst wenn die Zuspitzung im öffentlichen Gespräch ist, die Entscheidung *Weiter so!* oder *neue Einkommens-Dynamik auf Öko- und Kapitalsteuergrundlage*, dann kommt es zur Entstehung des Kindes, das aus heutiger Sicht den Namen trägt: *überlebensfähige Industriekultur* in einer dynamischen ökologisch-sozialen Marktwirtschaft.

188 Seiten • Klappenbroschur
14,5 x 20,5 cm • 18 € (D/A)
ISBN 978-3-96317-126-0

Björn Vedder

REICHER PÖBEL

Über die Monster des Kapitalismus

Die Superreichen stehen unter heftigem Beschuss: Sie plündern die Welt und mästen sich an fremder Arbeit, verspielen unsere Zukunft und zerstören den gesellschaftlichen Zusammenhalt. Mit den geschulten Augen des Kulturphilosophen zeigt Björn Vedder: Die Kritik am »reichen Pöbel«, wie sie derzeit Konjunktur hat, ist halbherzig und heuchlerisch. Sie dämonisiert eine kleine gesellschaftliche Gruppe, ohne das dahinterstehende Wirtschaftssystem und unsere eigene Rolle darin infrage zu stellen. Wie gefährlich diese fehlgeleitete Kritik für die politische Kultur und die unter Druck geratene Mittelschicht werden kann, zeigen die jüngsten Wahlerfolge von Populisten, etwa von Donald Trump oder der AfD. Denn während es sich die vermeintlichen Gesellschaftskritiker beim Reichen-Bashing gemütlich machen, entsteht eine brandgefährliche politische Allianz.

Dr. Björn Vedder wendet sich als Philosoph den Phänomenen der Gegenwart und den drängenden Fragen unserer Gesellschaft zu. Dabei reicht sein Arbeitsgebiet weit über die Philosophie hinaus – etwa in die zeitgenössische Kunst, Literatur und Populärkultur. Kontakt: www.bjoernvedder.de